희망 격차 사회

'패자 그룹'의 절망감이 사회를 분열시킨다

야마다 마사히로(山田昌弘)

　　1957년 도쿄도(都) 출생. 1986년 도쿄대학 대학원 사회학연구과 박사과정 단위 취득 후 퇴학. 도쿄 학예대학 교육학부 교수, 현재 주오대학(中央大學) 문학부 교수. 전공은 가족사회학, 감정사회학. 내각부 국민생활심의회 위원, 도쿄도 아동복지심의회 위원 등을 역임. 저서로『近代家族のゆくえ』, 『家族のリストラクチュアリング』 (新曜社); 『結婚の社會學』 (丸善ライブラリー); 『未婚化社會の親子關係』 (有斐閣); 『家族というリスク』 (勁草書房); 『家族ペット』 (サンマーク出版); 『パラサイト・シングルの時代』, 『パラサイト社會のゆくえ』 (ちくま新書) 등 다수.

최기성(崔基成)

　　도쿄대학에서 '공공철학'과 '정치사상'을 전공하고 '존 롤즈의 정의에 근거한 바람직한 질서론에 관한 연구'로 박사학위를 수여받았으며, 현재 '리버럴 데모크러시의 사상적 기초와 제도 구상', '정의에 근거한 질서정연한 사회의 구축 가능성' 등에 관심을 가지고 있다. 현재는 부산대학교 사회과학대학, 창원대학교 사회과학대학, 한동대학교 국제어문학부에서 강의중이다. 저서로는『새로운 시민사회와 환경윤리』, 역서로는『타자에의 자유』가 있으며, 주요 논문으로「롤즈 '정치적 정의관'의 사상적 함의」와「롤즈 정의의 주제로서 '안정성'의 사상적 함의」 등이 있다.

희망격차사회

지은이 / 야마다 마사히로(山田昌弘)
옮긴이 / 최기성(崔基成)

초판 1쇄 발행일 / 2010.2.25.
초판 2쇄 발행일 / 2012.4.10.
초판 3쇄 발행일 / 2015.9.10.

펴낸이/ 이선규　펴낸곳/ 도서출판 아침　등록/ 제21-27호(1988.5.31)
주소/ 서울시 서대문구 북아현동 1-495　전화/ 326-0683　팩스/ 326-3937

ISBN　978-89-7174-047-7　03330

희망 격차 사회

'패자 그룹'의 절망감이 사회를 분열시킨다

야마다 마사히로(山田昌弘)

최기성(崔基成) 옮김

도서출판
아침

목 차

머리말
장래를 예견할 수 없는 시대

  젊은이들에게 인터뷰 조사를 하던 중, 국민연금 부금을 납부하지 않는 30
대 전반의 남자 프리터(Free와 Arbeiter의 합성어로, 학교를 졸업한 후에도 정규
종업원이 되지 않고 자유롭게 전직을 반복하는 젊은이를 의미했으나, 경제 불황의 장
기화로 안정된 고용을 보장받지 못하는 젊은이를 지칭─역주)를 만났다.

  국민연금을 내지 않는다는데 앞으로 노후 생활은 어떻게 할 생각이냐고
묻자 "5년 후 생활 전망도 서지 않는데 50년 후 생활을 걱정할 수 있습니
까?" 하는 답변이 되돌아왔다.

  프리터로서는 매월 1만 3천 엔 남짓한 국민연금 부금을 내는 것은 저금이
없는 사람이 대략 40년 만기의 중도해약이 불가능한 적금을 드는 것과 매한
가지다. 아무리 유리하다고 말해도 매월 1만 3천 엔의 여유가 있으면 50년
후의 리스크에 대비하는 것 보다 앞으로 5년간 자신의 생활을 향상시키는
데 사용하고 싶다고 생각할 것이다. 아무리 세대간 도움을 강조해도 "도움
을 받아야 할 쪽은 일정한 직업이 없는 우리 세대"라고 말할 수 있는 상황이
다. 프리터나 실업자 등 일자리가 불안정한 젊은이는 400만 명이 넘는다고
한다. 이러니 국민연금 미납율이 36%(2003년 현재)라 해도 이상할 게 없다
(연금을 받고 있는 조부모가 손자의 연금을 대신 지불하고 있는 뒤바뀐 사례도 나타나
고 있다).

  또 다른 국민연금 미납자인 프리터(30대 중반 남자)에게 같은 질문을 했

7

는데, 이번엔 "우리들은 변변치 못한 것을 먹고 자랐기 때문에 어차피 60세 정도에 죽는다. 그러니까 (연금을) 들어도 쓸모가 없다"는 대답이 되돌아 왔다. 또 어떤 프리터(20대 후반 여자)는 "어차피 결혼해서 주부가 되면 남편이 생활을 책임질 것이고, 60세가 된 자신을 상상조차 하기 싫다"고 대답했다.

그녀가 정말로 60세 전에 죽을지 여부는 모른다. 또 그녀가 이상적인 상대를 찾아 결혼할 수 있을지 여부도 모른다. 그러나 이러한 예를 통해 살펴봐도 노후의 일을 생각할 수도 없고 생각하고 싶지도 않다는 젊은이가 증가하고 있다는 것만은 확실하다.

이것을 보고 "현재에 충실한 인생을 사는 것이 훌륭하다"고 칭찬하는 것은 위험하다. 오히려 "장래에 희망을 가질 수 없기 때문에 장래를 생각하면 암울해지기 때문에 '현재'로부터 도피하고 있다"는 표현이 맞을 것이다. 자신의 장래 전망이 서지 않기 때문에 미래에 대해 생각하지 않게 되고, 미래에 대해 생각하지 않기 때문에 장래 전망을 더 더욱 세울 수 없게 된다. 이러한 악순환에 일본의 젊은이가 빠져 들어가고 있는 것은 아닐까?

폴란드 출신 사회학자 지그문트 바우만Zigmund Baumann은 글로벌화의 영향으로 근년 세계 도처에서 사회로부터 배제되어 장래 희망이 사라진, 자신의 삶을 스스로 포기하는 사람이 증가하고 있다고 분석한다. 필자는 그의 저서 『Wasted Lives』(2004)를 '일회용 인생'으로 의역하고자 한다. 장래를 생각하지 않는 젊은이는 스스로가 자신을 한 번 사용한 후 버린다는 의미에서 이 '일회용 인생'과 별 차이가 없다고 생각하기 때문이다.

아니, 프리터뿐만이 아니다. 정사원으로 근무하고 있는 젊은이 중에도 "시시한 일을 일생동안 계속하는 건 싫다"고 하는 사람도 있다. 더 나아가 중년 세대라도 "언제 정리해고 당할지 모른다" "과연 연금을 충분히 받을 수 있을까" "급료가 줄어들어 주택융자를 다 지불할 수 있을까" "자녀 교육비로 생활이 한층 더 괴로워지는 것은 아닌가" 하는 불안을 느끼는 사람이 증가하고 있다. 자신이 기업 가족 사회로부터 '일회용'으로 취급되는 것은 아닌가

하는 불안이 있다. 장래에 대한 희망도 없이 실현 불가능한 꿈속으로 도피해서 사는 사람들, 말하자면 '패자 그룹'이 증가하고 있는 것이다.

이러한 논의를 전개하면 그렇지 않다고 주장하는 사람이 반드시 있게 마련이다. 프리랜서 즉 자유계약직으로 고수입을 버는 사람도 있다. 회사를 그만두고 스스로 창업해서 성공한 사람도 있다. 부부 맞벌이로 여유 있는 취미생활을 즐기고 있는 가족도 있다. 노후에 자원봉사 활동으로 지역 활성화에 공헌하는 사람도 있다. 글로벌화(globalization)로 인해 사회가 변화하고 그에 따라 자신의 재능을 발전시켜 장래에 대한 희망을 가지고 적극적으로 충실한 인생을 보내는 사람이 많아졌다고 주장하기도 한다.

그러나 아무리 성공사례를 제시해도 그리고 아무리 "사람은 제각각 다양한 재능을 가지고 있다"고 말을 해도, '프리'로서 성공한다는 것은 뛰어난 능력을 가진 소수의 사람들이란 것을 많은 사람들은 알고 있다. 이 시대에 모두가 '승자 그룹'이 된다는 것은 불가능하다. 매스 미디어에서 다루어지는 성공사례는 많은 사람들에게 자신의 체험으로는 느껴지지 않는 것이다.

전에는 그래도 많은 젊은이가 장래에 희망을 가질 수 있었다. 그것은 "풍요로운 가족생활을 누릴 수 있다"고 하는 꿈이 많은 사람에게 실현가능한 것으로 느껴졌기 때문이다. 그러나 지금은 어떤가? 일부 사람은 사회 속에서 활약의 장소를 찾으나, 대부분 많은 사람들은 생활의 불안에 노출되어 있으며 "복권이 당첨된다면" 등과 같은 비현실적인 꿈을 꾸면서 '패자 그룹'으로서 하루하루를 살아가고 있다.

지금 일본 사회는 장래에 희망을 가질 수 있는 사람과 장래에 절망하고 있는 사람으로 분열되어 가고 있다. 이것을 나는 '희망격차사회'라 부르고 싶다. 언뜻 보기에 일본 사회는 지금도 경제적으로 풍요롭고 평등한 사회로 보인다. 프리터조차 자동차나 브랜드가방을 가지고 있다. 그러나 그 풍요로운 생활의 그늘에서 희망의 격차가 확대되고 있는 것이다.

왜 이러한 사태가 일어났는가? 장래 어떻게 되어 갈 것인가? 그리고 우리는 무엇을 하면 좋을 것인가? 등을 이 책을 통해 살펴보고자 한다. 실제 이 문제를 생각하는 것 자체는 별로 기분 좋은 일이 아니다.

그러나 우리 자신이 처한 사회를 생활하기 편리한 공간으로 만들기 위해서는 현실을 정확히 응시하지 않으면 안 된다. 이러한 필자의 생각을 이해해 주기 바란다.

제1장
불안정해지는 사회 속에서

불안정해지는 사회

21세기를 맞이한 일본 사회는 커다란 전환점에 서 있다. 어쩌면 위기적인 상황이라고 해도 좋을지 모른다.

나는 가족사회학의 시점에서 약 25년간 일본 사회를 조사 연구해 왔다. 이 연구생활 가운데 1990년을 경계로 가족을 둘러싼 사회 상황이 어지럽게 급변하고 있다는 것을 실감할 수 있었다.

소(少)자녀화의 원인을 조사하는 가운데 '캥거루족'(parasite single, 부모에게 기본적인 생활을 의존하면서 여유있는 생활을 즐기는 독신자)이라는 존재가 나타났다. 부부 관계를 조사하는 가운데 속도위반 결혼, 섹스리스 커플, 이혼의 급증 등에서 볼 수 있듯이 커플의 애정 관계가 근본적으로 변하고 있다는 것을 알았다.

이러한 변화는 가족 관계에만 그치지 않았다. 서두에서 언급한대로 프리터에 대한 인터뷰 조사에서 젊은이들의 사회의식이 옛날과는 크게 변했다는 것을 알게 되었다. 거기에 도쿄학예대학의 취직위원회 위원으로 학생의 취직 활동을 돕던 중, 현재의 취직 상황이 어려운 것 이상으로 '대학졸업-취직'이라는 라인이 단절되고 있는 현실을 통감했다.

또한 도쿄도東京都 청소년협의회 위원으로 청소년의 현 상태에 대해 조사하는 가운데 '등교를 거부'하거나 '은둔형 외톨이'라는 비사회적 행동이 청소년 사이에 확산되고 있는 것을 보며, 도쿄도 아동복지심의회 위원으로 부모에 의한 자녀 학대 사례를 검토하면서, 경제적·심리적으로 파탄하기 시작한 육아 가정의 존재에 마음이 아팠다.

필자가 위기감을 느끼고 있는 것은 앞서 말한 현상이 결코 '예외적 사태'가 아니기 때문이다. 일본에서는 에도江戸 시대부터 이혼이 많았다거나, 부모와 동거하면서 빈둥거리며 놀고 있는 미혼자나 일정한 직업을 가지지 않는 젊은이는 예전에도 있었다거나, 아동학대나 속도위반 결혼 또한 옛날에도 있었기 때문에 걱정할 필요가 없다는 등의 의견을 말하는 사람도 종종 있다. 그러나 이러한 현상의 양적 확대를 생각하면, 예전에 있었기 때문에 괜찮다고는 말할 수 없을 만큼 사태가 심각하다.

부모와 동거하는 성인미혼자(모두가 캥거루족은 아니라는 것은 염두에 둘 필요가 있다)는 2000년의 인구조사에 의하면 1200만 명이 있다(20~39세). 이혼 수는 2002년에 약 29만 쌍 정도(결혼 수 약 75만 쌍)로 사상 최고를 갱신중이다. 속도위반 결혼은 약 15만 쌍(2000년 결혼신고 후 약 10개월 미만의 출산 수)이 되며 첫 출산아의 4분의 1을 차지하기에 이르렀다. 이른바 '프리터'(미혼 젊은이 중 아르바이트 종사자)는 200만 명을 돌파하고 있으며 실업중인 젊은이, 미혼의 파견사원도 포함하면 400만 명을 넘는다. 대졸 미취업율, 고졸 미취업율 모두 최악의 기록을 갱신중이다. 집에만 틀어박혀 사회와 관계를 단절하고 있는 청소년은 적게 추정하더라도 50만 명 이상 있다고 여겨지며, 등교거부에 관해서는 초등학교·중학교에서 연간 30일 이상의 결석자만도 13만 명이 넘는다. 아동상담소에서 아동학대 처리건수는 연간 2만 건을 넘고 있다.

이처럼, 지금까지 예외적으로 간주하여 커다란 문제가 되지 않았던 사례가 이제는 사회적으로 무시할 수 없을 정도로 확대되고 있다. 그 뿐 아니라, 보통 취직하고 결혼해서 육아를 하고 있는 사람들 중에도 장래 생활에 불안을 느끼는 사람이 증가하고 있으며, 미래 일본 사회를 담당할 자녀들조차도 장래 생활에 관해 비관적으로 생각하고 있는 것이다.

우리가 실시한 젊은이(25-34세)를 대상으로 한 조사에서 장래 자신의 생활이 좋아질 거라고 생각하는 비율은 불과 15% 전후에 지나지 않고, 40%의 젊은이가 지금보다 생활 정도가 악화될 것으로 생각하고 있다(도표 1-1). 도쿄도 조사에 의하면 초등학교 5학년(11살 전후)의 약 반수가, 그리고 중학교 2학년(14세 전후)의 7할 이상이 "장래 일본 사회는 현재 이상으로 풍요롭게 되지는 않을 것"이라고 회답하고 있다(도표 1-2).

도표 1-1 장래 일본은 경제적으로 어떻게 될까?

[일본사회는 경제적으로 어떻게 될 것인가?]

지금보다 여유있다(4.0) | 지금과 비슷하다(31.5) | 지금보다 빈곤해진다(64.5)

[당신이 생활하고 있는 지역은 경제적으로 어떻게 될 것인가?]

활성화되어 번영(13.9) | 현재와 비슷한 상태(67.7) | 서서히 침체한다(18.3)

[당신 자신의 생활은 경제적으로 어떻게 될 것인가?]

지금보다 여유있다(14.2) | 지금과 비슷하다(44.8) | 지금보다 빈곤해진다(40.8)

출처: 야마다 마사히로 "젊은이의 장래 설계에서 양육의 리스크의식에 관한 연구"
(일본 후생노동성 과학연구비보조금, 2002-03년, 종합연구보고서)

도표 1-2 여러분이 어른이 될 때, 일본사회(생활)는 지금보다 좋아질까?

[초등학교 5학년(391명)]

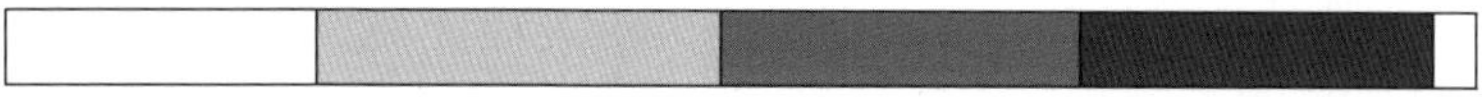

그렇다(21.2) | 아마 그럴 듯(27.6) | 아마 아닐 듯(24.3) | 아니다(24.0) | 무응답(2.8)

[중학교 2학년(329명)]

그렇다(8.5) | 아마 그럴 듯(14.3) | 아마 아닐 듯(34.0) | 아니다(40.4) | 무응답(2.7)

출처: "부자관계에 관한 조사보고서" (도쿄도 생활문화국, 2003년 발행)

내가 어릴 적(지금부터 35년 정도 전)에 미래 생활이라고 하면 과학기술의 발전으로 하늘에는 자가용 비행기가 날아다니고 집에서는 로봇이 집안일을 하고 병으로 괴로워하거나 죽는 일은 없어지고 세계 정부가 생겨 국제질서를 유지하며 전쟁은 없어지고 우주여행으로 가족이 함께 즐긴다고 하는 꿈 같은 이야기를 상상한 적이 있었다. 당시 오사카 만국박람회가 열렸는데, 그 테마가 '인류의 진보와 조화'였던 것에 상징되어 있듯이 이상적인 사회가 머지않아 도래한다는 것을 많은 사람들이 믿고 있었다. 그것은 '대일본제국의 발전'이라는 공통 목표를 잃어버린 전쟁 이후 일본이 그 대신 품게 된 "풍요로운 생활을 향유"한다는 목표와도 일치하고 있었다. 그리고 실제 당시 일본인은 보통 수준의 노력을 하면 그에 대한 보답으로 풍요로운 생활을 손에 넣을 수 있었다. 그러니까 모두가 미래에 대해 희망을 가질 수 있었던 것이다.

그러나 지금은 미래에 대한 희망은커녕 '현재와 같은 정도의 생활'조차도 확보할 수 없을지도 모른다는 불안감을 느끼는 사람이 점차 증가하고 있다. 국가간의 전쟁은 적어졌을지 모르지만 테러나 '평화유지 활동(PKO)'에 의한 사망자는 증가하고 있다. 장래 생활을 희망과 함께 거론할 수 있는 분위기가 아니다. 이 또한 현대 일본사회의 불안정한 상황을 반영한 것이다.

리스크화와 양극화

통계 숫자를 살펴보아도, 보도되는 사례를 살펴보아도, 의식조사를 살펴보아도, 생활이 불안정해지고 있는 것은 분명하다. 필자는 이러한 생활의 불안정화 과정을 '리스크화'와 '양극화'라는 두개의 키워드를 통해 파악하고자 한다.

'리스크화'란 지금까지 안전, 안심하다고 생각되던 일상생활이 리스크를 수반하게 되는 경향을 의미한다. 30년 전이라면 많은 사람에게 기본적인 생활은 예측 가능한 것이었고 그에 따라 생활을 설계할 수가 있었다. 그러나 오늘날에는 장래 생활에 대한 예측 가능성이 점점 낮아져, 우리는 불확실성의 영역에 놓이게 되었다.

전에는 남자가 대학에 가면 상장기업에서 화이트칼라 일자리를 구할 수 있었다. 대기업에 근무하면 종신고용도 가능했다. 그리고 후생연금으로 여유 있는 노후생활이 보장되어 있었다. 그러나 지금은 대학을 나와도 프리터 밖에 될 수 없는 젊은이도 있고, 대기업에 입사해도 도산이나 해고로부터 무관하지 않게 되었다.

가족 관계에도 같은 불안정이 나타나고 있다. 결혼하고 싶어도 할 수 없는 사람이 증가하고 있으며, 또 결혼했다고 해서 결혼 관계가 평생 유지된다고는 말할 수 없다. 더욱 연금 재정 파탄에 대한 염려로, 노후에 여유 있는 인생을 보낼 수 없을지도 어떨지 모른다는 불안도 품게 되었다.

이런 장래의 불확실성이 확대되는 상황을 독일 사회학자 울리히 벡Ulrich Beck 교수는 '리스크 사회의 도래'라고 정의한다(『Risk Society』). 지금부터 일본 사회도 본격적으로 리스크 사회로 향하고 있는 것이 분명하다.

그래서 우선 현대 사회의 리스크화에 관한 실태를 분석하는 것이 이 책의 첫 번째 목적이다.

또 다른 키워드인 '양극화'란 2차대전 이후 축소되어 가던 여러 격차가 확대되어 가는 것을 말한다.

전후 일본 사회는 많은 사람이 '중류' 의식을 가지고 큰 격차를 느끼지 않고 생활해 왔다. 하지만 미국에서는 1980년경부터 중류사회의 붕괴가 언급되기 시작했고, 일본에서도 1990년대 중반부터 많은 논자에 의해 중류사회의 붕괴 및 격차의 재확대가 시작되었다고 한다.

그것을 단적으로 표현한 것이 '승자그룹, 패자그룹'이라는 말이다. 버블 경제 붕괴 이후 우량기업과 도산의 위기에 빠진 기업으로 양극화되어 가는 양상을 나타내는, 이 말이 생활의 모든 영역에 적용되고 있는 것이 오늘날의 상황이다.

수입 면에서 말하면 연공서열이 붕괴되고 능력주의 임금체계의 침투가 거론되고 있다. 그 결과 같은 연령, 같은 학력, 같은 기업에 근무하고 있더라도 월급이나 보너스에 격차가 커지는 '임금의 양적 격차 확대'가 발생하고 있다. 그러나 격차 확대는 단순히 수입이 많고 적음에 머무르지 않는다. 정사원을 지속할 수 있는 사람과 일생 프리터로 보낼 수밖에 없는 사람의 격차, 부모에게 의지할 수 있어 수입이 적어도 넉넉한 생활을 할 수 있는 젊은이와 독립해 있기 때문에 빠듯한 생활을 강요당하는 사람과의 격차 등 '신분의 격차'가 출현하고 있다는 것이 중요하다. 이러한 격차를 '질적 격차'라 할 수 있다. 여기에서 '질적'이란 개인의 일반적인 노력으로는 뛰어넘는 것이 불가능한 차이라는 의미로 사용한다.

가족 분야에서도 질적인 격차의 존재를 암시하는 사건이 나타나고 있다. 예를 들면 같은 '아동 학대'라는 말로 불리는 현상 가운데, 고학력 전업주부가 육아 노이로제를 이유로 자녀를 학대하는 '아동 학대'와, 20세 전후 프리터끼리 속도위반 결혼을 하여 생활의 어려움으로 인해 야기하는 '아동 학대'의 내막은 전혀 다르다. 교육 분야에서도 학력 저하가 언급되고 있지만, 그것은 어디까지나 학원 등에 가서 충분한 공부를 하고 있는 자녀와, 집에서 전혀 공부를 하지 않는 자녀의 격차가 커지고 있는 사태를 평균화한 결과이다. 이렇게 여러 가지 질적 격차의 확대가 다양한 문제의 양극화를 진행시키고 있는 것이다.

이처럼 생활의 모든 영역에서 승자그룹과 패자그룹이 나뉘어 가는 상황을 명확히 살펴보는 것이 이 책의 두번째 목적이다.

생활의 불안정화가 초래하는 '불안'의식

리스크화, 양극화 영향은 일상생활을 불안정하게 만드는 데 머무르지 않는다. 중요한 것은 이런 현상이 사람들의 사회의식까지도 불안정하게 만든다는데 있다.

고도성장기에서 1990년경까지의 사회에서는 생활 기반이 안정되어 있어 예측 가능성이 높고 생활의 목표가 분명하고, 한편 대부분의 사람이 그 목표에 도달 가능했다. 그래서 많은 사람들은 희망을 가질 수 있었고, 질투심조차도 적극적인 에너지(향상심)로 바꿀 수 있었다. 그래서 일본 사회는 1990년대 중반까지는 범죄율이 매우 낮았다. 높은 저축성향도 미래에 대한 신뢰라는 의미에서 사람들의 심리적 안정을 입증하고 있었던 것이다.

그러나 사회가 리스크화하여 양극화가 명백해지면 사람들은 장래 경제적 파탄이나 생활수준 저하에 대한 불안감을 가지게 된다. 자신의 재능, 또는 부모의 자산이 있으면 성공을 통해 풍요로운 생활을 영위할 수 있을지도 모르지만, 재능이나 자산이 보통인 경우 불안정한 생활을 강요당할지도 모른다. 이러한 상황에 처하면 많은 사람들은, 고생해도 보상을 받지 못하며 노력해도 쓸데없다고 단념하기 시작한다. 희망의 상실로 인한 의욕의 포기인 것이다. 그리고 리스크가 있는 현실로부터 도주하기 시작한다. 이렇게 해서 '양적 격차(경제적 격차)'는 '질적 격차(직종이나 라이프스타일 격차, 신분 격차)'를 낳고, 그로부터 '심리적 격차(희망 격차)'로 연결된다. 특히 시대의 변화에 민감하며 불안정화의 영향을 가장 먼저 받는 젊은이들 중에 미래에 대한 불신감과 장래 자신의 인생에 대한 절망감에 사로잡히는 경우가 많아진다.

최근 몇 해 동안 증가하고 있는 프리터를 대상으로 인터뷰나 앙케트 조사를 실시한 결과를 살펴보면 "조직에 얽매이지 않고 좋아하는 일을 하고 즐기며 생활하는 자유인"의 모습보다도 "장래의 불안에 두려워하고 있지만 그 불안을 느끼지 않기 위해 실현가능성이 없는 꿈에 매달리고 있는" 모습이 역력하다.

이러한 불안 의식이 단번에 표출된 것이 1998년이라 생각한다. 이 해는 중년 남자 자살률이 급증한 해이기도 하고, 청소년 범죄, 은둔형 외톨이, 등교 거부 등이 증가하고 집에서 전혀 공부하지 않는 중고생이 급증한 해이기도 하다. 즉 현재는 적당히 넉넉한 생활을 하고 있지만 장래는 전망을 세울 수 없는 상황이 눈앞에 들이닥친 것이다.

그 결과 하나의 톱니바퀴가 어긋나자 자포자기해서 이상한 행동을 하거나 장래를 생각하지 않고 향락에 빠지거나 사회와 단절되어 집에 틀어박혀 있는 젊은이가 이 시기부터 증가하기 시작하였으며, 그 결과 일본의 사회

질서 유지에 관한 염려가 나타나고 있다.

　그래서 리스크화와 양극화가 사람들 특히 젊은이의 심리에 미치는 영향을 명확히 살펴본 결과, 장래 사회 질서가 위협당할 가능성에 대해 고찰하고자 한다. 필자가 이 책에서 가장 강조하고 싶은 것은 이 점이다.

세계사적 전환기

　이러한 리스크화, 양극화, 그리고 희망의 상실이라는 시대적 흐름은 일시적인 현상은 아니다. 그것은 세계사적 전환기의 일환으로 나타나고 있다.

　세계대전 이후 안정되어 있던 국제경제, 사회의 조직틀이 구조적으로 변화하고 있다는 것은 매스컴의 보도를 통해서도 확인할 수 있다. 베를린 장벽이 무너지고(1989년), 소비에트 사회주의 연방공화국이 해체되고(1991년), 테러에 의해 뉴욕 세계무역센터빌딩이 무너지자(2001년), 미국은 유엔결의 없이 이라크를 침공했다(2003년). 이탈리아 철학자 네그리 Antonio Negri가 예언한 '미국 민주제국주의(民主帝國主義)' 시대에 접어들었는지 어떤지는 속단할 수 없지만(Antonio Negri & Michael Hardt 『Empire』(제국)), 최근 10년간 국제상황이 크게 변한 것은 여러 논자들이 지적하고 있는 바와 같다.

　경제 분야에서는, 글로벌화가 진행되어, 물건, 돈, 사람의 국제 이동이 활발해지고, IT화나 네트워크화 사회(마뉴엘 카스텔 Manuel Castells)라고 표현되듯이 정보산업이 세계를 리드하고 있다. 뉴 이코노미(로버트 라이시 Robert B. Reich)로 불리는 미국 주도의 새로운 경제 시스템이 세계 각지에서 반발을 받으면서도 전 세계에 침투해 들어가고 있다.

　오늘날 일본에서 나타나고 있는 생활의 불안정화는 국제사회의 조직틀이나 세계경제의 변화에 수반하여 생기고 있다. 즉 리스크화와 양극화, 더욱이 사람들의 불안(심리) 확대와 청소년의 희망 상실은 일본뿐만이 아니라, 미국을 포함한 많은 선진자본주의 국가에서 공통으로 나타나고 있는 현상이다(인도 등 많은 개발도상국에서는 생활 안정기가 도래하기 전에 글로벌화에 휩쓸려 들어가고 있는 것이 오늘의 현실이다).

근대사회의 구조전환

기존 사회과학의 견해는 사회가 발전하고 진보하면 사회는 보다 안전하게 되며 예측 가능하고 또한 제어가능하게 된다는 논의가 중심이었다(사회학에서는 파슨즈 Talcott Parsons와 루만 Niklas Luhmann 등의 견해가 유명하다). 마르크스를 비롯하여 공산주의자든 자유주의자든, 사회가 발전하여 경제적으로 풍요롭게 되면 생활은 쾌적하게 되고 사람들의 행복도가 증진되리라고 생각했었다.

그러나 근년 사회과학 분야에서는 근대사회가 발전하여 어느 단계를 지나면 오히려 사회의 불안정함이 늘어난다는 논의가 활발하게 나타나고 있다. 그리고 1990년경을 경계로 근대사회는 새로운 국면에 돌입했다고 하는 논자들이 증가하고 있는 것이다.

영국 사회학자로서 블레어 수상(首相)의 브레인 앤서니 기든스 Anthony Giddens는 사회 질서를 형성하고 있던 확실성이 없어져 '폭주(run away)'하기 시작했다고 지적하고 있다(『Runaway World』). 또한 폴란드 출신 사회철학자 바우만 Zygmunt Bauman은 사회의 여러 제도가 마치 액체와 같이 붙잡을 곳이 없게 되었다고 말하며(『Liquid Modernity』), "인생을 일회용으로 처리하는" 사람이 증가하고 있다고 경고하고 있다(『Wasted Lives』). 그리고 프랑스에서는 사회학자 보드리야르 Jean Baudrillard가 사회의 모든 영역에 불확실성이 침투하기 시작했다고 논했다(『L'Échange impossible』(불가능한 교환)). 사회학자 부르디외 Pierre Bourdieu는 죽기 직전에, 뉴 이코노미 경제에서 성공자 반대편에 시장에서 '배제된 사람들'의 증가에 대한 위기감을 표명하고 있다(『Contre-feux』). 미국에서는 도시사회학자 마뉴엘 카스텔 Manuel Castells이 IT화에 수반하는 네트워크 사회의 마이너스 측면에 염려를 표명하고 있으며(『Network Society』), 또한 가족 연구가 스테파니 쿤츠 Stephanie Coontz는 대다수 미국 가족의 생활 기반이 손상되고 있다는 것을 지적하고 있으며(『The Way We Really Are : Coming to Terms with America's Changing Families』), 감정사회학자인 알리 러셀 혹실드 Arlie Russel Hochschild는

1990년대에 들어와서 노동환경의 변화로 인해 현대 미국인이 '시간에 쫓기는 생활'을 강요당하는 상황을 묘사하고 있다(『Time Bind』).

그 가운데서도, 먼저 인용한 독일 사회학자 울리히 벡은 1988년에 이미 『Risk Society』를 출간했는데, 이 책에서 근대사회가 발전하면 할수록 사회는 리스크를 수반하게 된다는 것을, 환경문제로부터 노동, 가족 문제에 이르기까지 다양한 측면에서 묘사하고 있다. 이와 관련하여 『Risk Society』는 미국 사회학회 회원이 선택한 20세기 사회학 명저의 제1위로 선정된 바 있다. 더욱 근년에는 『Individualization』(2001)을 저술하여 가족이나 노동 분야에서 불안정화의 진행이 사람들의 의식 행동에 마이너스 영향을 미치고 있다는 점을 지적하고, 그에 대한 경종을 울려주고 있다.

그런데 각 논자들이 사용하고 있는 말은 모두 다르지만, 현대 사회가 진행되어가고 있는 방향에 대해서는 같은 견해를 나타내고 있다. 즉 사회의 불확실성이 증대하고 생활이 리스크로 가득 차게 되며 성공자의 그늘에서 약자가 사회로부터 버림받게 되고, 그 결과 사회의 질서가 불안정해진다고 하는 것이다.

리스크화, 양극화는 불가피

그리고 명심해야 할 것은 이 두 가지 흐름, 즉 리스크화와 양극화로 인해 사회가 불안정해지는 경향은 멈추려고 해도 좀처럼 멈출 수가 없다고 하는 것이다.

그 가장 큰 이유는 울리히 벡이나 로버트 라이시가 올바르게 지적하고 있듯이, 사회가 풍요로워져서 사람들의 자유도가 커졌기 때문이다. 사람들은 한 번 맛본 풍요로움이나 자유를 버릴 수 없다. 그 풍요로움을 유지하기 위한 행동과 사람들의 자유로운 행동이 리스크화나 양극화를 가져오는 원인이기 때문이다.

개인도, 사회도, 정부도, 이 두 가지 흐름을 전제로 행동할 필요가 있다. 개인이 혼자서 이 흐름에 거역하려고 해도 불가피하게 빠져들 수밖에 없으며, 정부가 무리하게 이 경향을 억누르고 대항하려고 해도 오히려 더 큰 곤란에 직면하게 될 것이다. 라이시가 강조하듯이, 러다이트운동(산업혁명 당시 일어났던 기계 파괴 운동)을 다시 일으킨다하더라도, 일시적인 욕구 불만의 배출구는 될 수 있어도 사회의 안정성을 되찾을 수는 없다. 글로벌화가 싫다고 하며 쇄국하면 세계로부터 뒤쳐져버려 사회가 서서히 쇠퇴하게 될 것이다.

그렇다고 해서 현재의 상황에 대해 아무 조치도 취하지 않고 방치하는 것은 용납될 수 없다. 리스크화나 양극화를 그대로 방치하면 사람들이 희망을 서서히 잃게 되며 사회 질서가 위기에 빠질 것은 명확하다.

실은, 현재 일어나고 있는 상황 가운데서 가장 심각한 것은 '희망의 상실'이다. 아이러니하게도 고도성장기를 거치며 어느 정도 풍요로운 생활을 이룩한 지금, 사람들이 행복하게 사는 데 필요한 것은 경제적인 요건보다 심리적인 요건이다. 인간은 희망으로 사는 존재이기 때문이다.

더욱 나쁜 것은 희망의 소멸이 모든 사람들에게 동일하게 찾아오는 것이 아니라는 점이다. 장래에 대한 희망을 가지고 생활할 수 있는 사람들도 있다. 그들은 선천적으로 높은 재능이나 자산을 가지고 있어서, 경제구조가 바뀐 후의 뉴 이코노미 속에서 더욱 큰 성공을 얻을 수 있을 수 있는 사람들이다. 다른 한편으로 평범한 능력에다가 이렇다 할 자산이 없는 대부분의 사람들은 자기책임이라는 이름하에 자유경쟁을 강요당하고, 그 결과 지금과 같은 생활을 유지하는 것조차 불안한 상황에 처하게 될 것이다. 즉 여기에 경제 격차보다 심각한 희망의 격차가 발생하는 것이다.

리스크화, 양극화는 21세기를 살고 있는 우리에게 주어진 환경조건이라고 말해도 지나친 말이 아니다. 그것은 마치 에도江戸 말기 외국 함대黑船의 습격과 흡사하다. 당시 일본인에게는 개국하여 근대 국가에로의 길을 열어야 할 내적인 필연성은 없었다. 메이지유신明治維新을 완수하고 일본 사회를 근대화시킨 것은 당시의 환경조건 즉 19세기에 일어난 일종의 '글로벌화'에 적응하기 위한 반응이었다. 그리고 일본은 서양 열강에 의한 식민지화를 모면하고 글로벌화에 적응할 수 있었던 것이다.

21세기에 접어든 오늘날, 새롭게 변화하고 있는 환경에 잘 대처해 나가는 지혜가 개인적으로도 사회적으로도 더욱 필요하게 되었다. 이 책이 그러한 자그마한 지혜의 책 가운데 하나로 받아들여진다면 필자로서는 다행스런 일이라 하겠다.

본서의 구성

본서의 의도는 불안정해지고 있는 사회 현실을 '리스크화'와 '양극화'라는 두 흐름을 통해 파악하고 거기에 나타나는 가장 큰 문제점, 즉 '희망 격차'에 접근해 가는 것이다.

우선 2장과 3장에서는 '리스크화'와 '양극화'라는 두개의 키워드를 통해 그것은 각각 어떠한 것인가, 구체적인 예를 통해 불안정한 사회의 구조를 살펴본다.

한편 2차 대전 후부터 1990년경까지의 일본 사회 모습을 돌아보면, 거기에는 지극히 안정된 사회와 개인 생활이 축적되고 있었던 것을 알 수 있다. 이 시대는 직업·가족·교육시스템이 잘 기능하고 생활은 예측 가능하며, 소득 격차는 축소되고 사람들은 희망을 가지고 생활을 할 수 있었다. 4장에서는 불안정화 이전 일본 사회의 모습을 검토하고 안정의 이유를 살펴본다.

그 안정된 사회가 1990년 이후 붕괴해 가는 것은 왜, 어떠한 이유 때문인가? 또한 어떻게 붕괴되어 가는가? 직업세계, 가족생활, 교육분야 등에 관해 그 리스크화와 양극화 과정을 5장, 6장, 7장에서 순서대로 하나하나 검토하고자 한다.

그러면 리스크화·양극화한 불안정한 사회는 사람들의 의식에 어떠한 영향을 주게 되는 것인가? 이 문제를 8장에서 살펴본다. 특히 희망을 잃고 용기를 상실한 사람들이 어떻게 행동하는가? 1998년을 경계로 심각해지고 있는 사회 문제의 원인을 명확히 진단하고자 한다.

그리고 마지막 9장에서는 필자 나름의 대안을 제시하고자 한다.

제2장
리스크화 하는 사회―현대의 리스크 특징

2-1. 리스크란 무엇인가?

안심 사회의 종언(終焉)

사회의 리스크화에 관해 설명할 때 필자는 다음과 같은 이야기로부터 시작한다.

우선 남학생에게는―여러분의 아버지가 젊었을 때는 대학을 나오기만 하면 대기업에 취직할 수 있었고 정년까지 안정된 급여를 받을 수가 있었다. 그러나 지금은 대학을 나와도 취업에 대한 보장이 없는 프리터 밖에 될 수 없는 젊은이도 많고, 대기업에 들어갔다 하더라도 도산이나 해고와 무관하지 않다고. 그리고 여학생에게는―여러분의 어머니가 젊었을 때에는 대체로 기업에 근무하고 있는 남자와 결혼해서 전업주부가 되면 평생 생활이 보장되고 남편이 죽은 후에도 연금을 충분히 받을 수 있었다. 그러나 지금은 남편이 실업할지도 모르고 이혼을 당할지도 모른다. 프리터 남자가 증가하고 있는 오늘날 안정된 수입을 가진 남자와 결혼할 수 있을지 어떨지도 모른다고.

현대 일본 사회에서는 생활에 대한 '보장'이 급격히 사라지고 있다. 학력을 높이면 괜찮다, 대기업에 들어가면 괜찮다, 또는 결혼하면 괜찮다, 라고 말할 수 없게 되었다. 생활의 모든 영역에서 리스크가 확대되고 있는 상황,

이것을 리스크화라고 부르기로 한다. 그것은 전후 일본이 축적해 온 안심 사회의 종언이기도 하다.

현대 일본 사회에서의 리스크화 양상을 살펴보기 전에, 우선 리스크라는 용어에 관해 살펴보자.

리스크란 무엇인가?

리스크라는 말은 근대사회가 형성된 이후에 탄생한 개념이다. 이탈리아어 risicare에서 유래하며 원래는 "용기를 가지고 도전한다"는 의미였다 (Peter Bernstein, 『Risk』). 르네상스 시대의 유럽 사회에서는 중세 전통을 지키는 생활과 결별하고, 외부로는 신대륙을 발견하기 위해 '용기를 가지고' 배를 탔으며, 내부에서는 주사위, 도박 등의 갬블이 시작되었다. 도박의 승률을 계산해야 할 필요성 때문에 '확률론'이 탄생하고 동시에 리스크에 대처하기 위한 구조인 '보험'이 발명되었다.

벡 교수의 저서 『Risk Society』는 '위험 사회'로 번역되었지만, 리스크를 그대로 '위험'이라고 번역하면 오해가 생긴다.

'위험'은 영어 데인저(danger)에 가깝다. 이를 잘 살펴보면, 확실히 생명, 건강, 재산 등을 잃는 것을 말한다. 또한 영어에는 해저드(hazard)라는 말이 있는데 '긴박한 위험'이라는 뉘앙스가 있으며, 이는 잠재적 위험이라 할 수 있다. 이러한 말들은 나쁜 의미로 사용된다.

그러나 리스크란 어원적으로 "용기를 가지고 시도한다"는 의미이기 때문에 반드시 나쁜 의미는 아니다. 무엇인가를 얻기 위해 수반되는 위험성이며 반드시 나타나는 것은 아니라는 뉘앙스가 담겨있다. 위험이 수반되는 것을 알면서 그 위험을 만날지도 모르는 상황에 몸을 내맡기고, 무엇인가를 달성하려고 할 때의 위험을 리스크라 부른다. "호랑이를 잡으려면 호랑이 굴에 들어가야 한다"는 속담을 생각해보면 좋겠다.

필자는 리스크를 "무엇인가를 선택할 때에 발생할 가능성이 있는 위험"이라는 의미로 사용하겠다.

예를 들면, 원자폭탄은 데인저(danger)이지만 원자력 발전은 리스크이다. 원자폭탄은 확실히 생명을 위험에 처하게 하기 위해 만들어지고 있으나, 원자력 발전은 전기를 공급한다는 훌륭한 목적이 있음에도 불구하고 그에 따라 방사능 오염이나 멜트다운(melt down)이란 위험이 발생할 가능성이 있다. 즉 사람들의 생활을 풍요롭게 하는 전기를 공급하기 위해 굳이 무릅쓰는 위험이 원자력 발전의 리스크인 것이다. 정글에서 헤매면 '위험'이지만 서커스의 맹수 쇼에는 리스크가 수반되는 것이다. 왜냐하면 맹수의 활용은 관객을 즐겁게 하기위해 '굳이' 위험에 몸을 노출시키고 있기 때문이다.

유사한 말에 '불확실성'이라 번역되는 'uncertainty' 라는 말이 있다. 이것은 장래 예측이 서지 않는 상황을 나타낸다. 완전히 예측이 서지 않는다는 것은 무엇이 일어날까 전혀 상상할 수 없다는 것을 의미한다. 한편 리스크는 발생할 위험의 내용에 대해 상상할 수 있으며 어느 정도 계산이 가능하다고 하는 의미를 내포하고 있다. 콜럼부스가 대서양 횡단에 처음 도전한 사례는 객관적으로 보면 '불확실성'이며, 두 번째 항해 이후는 '리스크'라고 말하면 알기 쉬울 것이다. 최초 항해에서는 인도에 정말로 도착할 수 있을지, 무엇이 있는지, 며칠 정도 걸릴지 전혀 상상도 할 수 없었다. 그러나 두 번째 이후에는 신대륙에 도착할 수 있을지 없을지 여부이며, 위험성의 내용을 어느 정도 예측할 수 있는 것이다.

또한 리스크는 '주관적인 것'이란 논의도 있다. 장래를 굳이 생각하지 않으면 본인에게 리스크는 존재하지 않는다. 위험이 갑자기 눈앞에 나타나는 상황이 있을 뿐이다. 단, 이 책에서는 이 점에 관해 깊이 언급하지 않고 사용하기로 한다(참조, Deborah Lupton, 『Risk and sociocultural theory』).

생활 리스크

리스크란 말은 현재 여러 분야에서 사용되고 있다. 투자의 리스크, 지진의 리스크, 전쟁이 발생할 리스크 등 현대 사회의 불확실한 상황을 표현하는데 사용되고 있다.

이 책에서는 '생활 리스크'라는 개념을 사용하겠다. 이것은 '보통 수준의 생활을 할 수 없게 될 위험성'이라는 의미로 사용한다. '보통 수준의 생활'이라는 개념은 애매한 것 같으나 꽤 편리한 개념이다. 생존이 위협받는다고 하는 심각한 리스크에서 "지금 하고 있는 생활수준을 유지할 수 없다" "노후에 기대하는 생활수준을 전망할 수 없다"고 하는 리스크까지 포함시킬 수 있다. "살고 있는 집이 없어질지 모른다"는 리스크에서 "지금은 1년에 세 번은 해외여행 갈 수 있는데, 앞으로 한번밖에 갈 수 없게 될지도 모른다"는 상태도, 당사자의 입장에서 보면 '보통 수준의 생활'을 할 수 없게 되는 리스크로 인식되는 것이다.

'보통 수준'의 생활이라는 것은 생각하기에 따라 물론 다를 것이다. 그러나 시대나 지역을 한정하면 거기에 살고 있는 사람들이 '보통'이라고 여기는 생활수준은 큰 차이가 없을 것이다. 제2차 세계대전 직후라면 굶주림을 견딜 정도의 식사와 비와 이슬을 견딜 수 있는 정도의 주거가 있으면 보통이라 할 수 있었다. 그러나 오늘날 일본에서는 매일 다른 식사 메뉴와 에어컨이 달린 집이 아니면 보통이라곤 말할 수 없다고 생각하는 사람이 많다.

2-2. 생활 리스크의 시대적 변화

전근대 사회에서의 리스크

앞서 말한 것처럼 리스크란 말은 근대사회 이후 태어난 것이다. 근대 이전의 전통사회(대체로 서구에서는 르네상스 이전, 일본에서는 메이지유신 이전의 사회를 상정)에서는 리스크라는 개념이 없었다.

물론 위험이 없었던 것은 아니다. 오히려 지금보다 훨씬 위험이 많은 사회였다. 그러나 그 위험은 인간의 선택에 의해 생기는 것이 아니라 외부로부터 닥치는 것이었다. 지진, 가뭄 등의 천재지변, 외적의 침입·약탈, 때에 따라서는 지배자의 폭정 등의 인재(人災), 그리고 전염병 등이 생활을 위협하는 위험으로서 존재했다. 이러한 위험은 오늘날 '외부 리스크'라 불리는 경우가 많은데, 우리도 일단 그렇게 부르기로 한다.

전근대 사회는 '애써서 한다'는 의미에서 리스크와는 무관한 사회였다. 왜냐하면 전통사회에서는 "인생을 스스로 선택한다"는 개념 자체가 없었기 때문이다. 직업은 부모 뒤를 이을 수밖에 없었고, 결혼상대조차도 자유롭게 결정할 수가 없었다. 또한 이혼도 자유롭게 되는 것은 아니었다(에도 시대와 같이 이혼이 많았던 시대에도 이혼은 가문과 가문의 문제이며 본인끼리 선택하는 것이라고는 생각하지 않았다). 생활하는 장소나 집도 정해져 있으며 전통에 따라 생활하기만 하면 대체로 어떤 일생을 보낼지 예측할 수 있었던 것이다.

보기 드물게 전통에 반대하는 사람이 나와도, 그(또는 그녀)는 공동체로부터 추방되기 일쑤였다. 그러한 행동은 리스크를 초래한다고 하기 보단 위험하고 불확실한 상황 속으로 스스로를 내던지는 것을 의미했다. 부모의 직업을 계승하지 않으면 생존조차도 곤란하고 자신이 살고 있는 동네나 마을을 한 발짝만 벗어나면, 모르는 사람에게 속거나 습격당할 위험이 항상 존재했으며, 재산은커녕 생명이 무사하리라는 보증도 없었다. 전통에 반하는 결혼을 하면 따돌림을 당하고 일상생활이 부자유스러워도 불평할 수 없었다.

반대로 전통에 따라 생활을 하면 외부 리스크 이외는 걱정할 필요가 없었다. 또한 외부 리스크는 사전에 걱정해도 어쩔 수 없는 것이었다. 기껏해야 기원, 액땜, 그리고 다소의 조심 정도 밖에 할 수 없었던 것이다. 즉 이 세상에 존재하는 위험은 운명으로서 불어오는 것이며, 그 통제는 종교 지도자나 통치자의 관할이었다. 또한 사람들은 종교나 통치자를 선택할 수도 없었던 것이다.

근대사회의 형성과 리스크의 등장

근대사회는 리스크와 끊으려야 끊을 수 없는 관계에 있다. 그것은 근대사회가 자연과의 공존이 아닌 자연을 통제하고, 전통에 따르는 것이 아니라 전통으로부터의 이탈을 그 기본 원리로 하는 사회이기 때문이다. 그 결과

'위험'에 관해 두 방향에서 변화가 생겼다. 하나는 전근대 사회와 비교해서 외부 리스크의 위험성이 감소한 것이며, 또 다른 한편으로는 새로운 선택에 수반된 리스크가 나타나게 된다.

근대사회는 외부로부터 오는 불확실한 위험(외부 리스크)을 과학적 사회적으로 인간이 통제하고 대처하는 것을 목표로 했다. 그 통제하는 주체로 발달했던 것이 국민국가(Nation State)였다. 홍수, 태풍 등 천재지변에 대해서는 국가 차원에서 예방 및 보호, 사전 대책을 강구할 수 있었다. 또한 언제 쳐들어올지 모르는 외적의 침입은 원칙적으로 사라지고, 그 대신 국제법 하에서 행해지는 국민국가간의 '전쟁'이라는 형태를 취하며, 전쟁이 없어지지는 않는다고 하더라도 전쟁이 발발할지의 여부는 예측할 수 있게 되었다. 국민국가 내부에서는 경찰력의 발달에 의해 범죄의 단속이 이루어져 일상생활은 안전한 것이 되었다. 그리고 위생상태의 개선이나 의료기술의 발달로 인해 병으로 죽을 확률은 큰 폭으로 감소하게 되었다.

일기 예보로부터 토목공사, 방위력, 경찰, 위생, 의료 등의 관리는 정부·지방자치단체 등 국가 기구의 일이 되었다. 즉 국민국가가 외부 리스크의 관리 주체가 되어 외부 리스크를 감소시키거나 혹은 예측 가능한 것으로 만들었던 것이다.

반면 외부 리스크를 통제하려는 시도 그 자체가 리스크를 발생시킨다는 패러독스가 나타나게 된다. 울리히 벡은 이 점을 특히 강조한다(Ulrich Beck, 『Risk society』). 근대 초기의 시점에서는 외부 리스크를 피하는 것이 최우선 과제였으므로 이는 문제가 되지 않았다. 예를 들면 어떤 병으로 죽을 확률이 높은 시대에는 예방접종에 의한 알레르기로 후유증이 나오는 리스크는 문제가 되지 않는다. 그러나 같은 병으로 죽을 확률이 제로에 가까워지면 리스크를 통제하는 리스크가 문제되기 시작한다.

즉 외부로부터 오는 위험성이 감소하는 한편 선택에 수반하는 본래 의미의 '리스크'가 나타나게 된다. 리스크란 "감히 도전하는 용기를 가지고 결단한다"는 어원적 의미를 되새겨 주길 바란다. 인생의 자유로운 선택이 가능한 사회란 반대로 선택에 따르는 새로운 위험을 만날 가능성이 있는 사회인 것이다. 즉 선택의 결과 보통 수준의 생활조차 할 수 없게 될 가능성이 있는 사회이기도 하다. 이것을 외부 리스크와 비교하는 의미에서 '내부 리스크' 특별히 언급하지 않을 경우는 단지 '리스크'라 부르기로 한다.

하나의 예를 들어보자. 근대사회가 되면서 직업선택의 자유가 인정되어 부모의 직업을 계승할 필요가 없어졌다. 직업 선택의 폭이 넓어져, 누구라도 스스로 선택한 직업을 가질 가능성이 생겼다. 그러나 그것은 누구라도 자신이 선택한 직업에 종사할 수 있다는 것을 보증하는 것은 아니다. 오히려 일자리로부터 선택되지 않을 확률도 높다. 즉 원하는 직업을 갖지 못하는 리스크, 그리고 원하는 직업에 종사하게 되었다 하더라도 생활을 영위할 수 없는 리스크, 그 뿐만 아니라 전혀 취직을 할 수 없는 리스크도 내포하고 있다.

가족의 영역을 살펴보자. 근대사회에서는 배우자 선택의 자유, 이혼의 자유라는 형태로 결혼상대에 관한 선택의 자유가 인정되었다. 부모가 결정한 상대와 결혼하지 않아도 좋은 자유가 주어져 본인의 뜻과 다른 상대와 결혼 생활을 계속해야 하는 필연성이 없어진다. 그러나 좋아하는 사람과 결혼할 수 있는 자유가 있다 하더라도, 좋아하는 사람과 반드시 결혼한다는 보장은 없다. 자신이 좋아도 상대가 NO라고 거부하는 경우가 생긴다. 이쪽이 이혼 하고 싶지 않아도 상대로부터 이혼을 당하는 경우도 있다. 즉 결혼의 자유화 는 결혼할 수 없는 리스크를 만들어내며, 이혼의 자유화는 상대로부터 이혼 당할 리스크를 만들어낸다.

교육도 변하지 않을 수 없다. 전근대 사회에서는 부모 슬하에서 가업의 심부름을 하거나 부모의 동업자 밑에서 공익에 봉사한다는 형태로 완전히 숙련된 성인이 되기 위한 훈련을 했다. 그러나 근대사회에서 직업 선택이 원칙적으로 자유화되면서 희망하는 직업에 종사하기 위해서는, 그러한 취직 을 하기 위한 '별도'의 훈련이 필요하다. 또한 일자리를 제공하는 측(기업 등)에서 말하자면 희망자를 선별하는 기준이 필요하게 된다. 다만 되는 대로, 이 직장에 취직하고 싶다 해도 실패할 가능성이 높을 것이고, 채용하는 측에서 말하자면 일하는 능력을 지켜볼 필요가 있는 것이다.

근대 '학교교육시스템'은 직업에 종사하는데 있어 리스크를 경감하기 위해 발달된 제도다. 직업학교를 비롯해서 어떤 수준의 학교를 졸업하면 특정한 직업에 종사할 전망이 높아진다. 기업이나 사회 측에서도 학교를 나온 젊은이의 일처리 능력을 예측하기 쉽다. 개인(많게는 지금부터 사회에 진출하는 젊은이를 포함)과 기업 등의 사이에서, 직업에 종사할 때의 리스크를 통제하는 것을 '학교교육시스템'에 기대해 왔기 때문이다. 학교에 의한 진로 배분은 '부당하다'는 의견도 있지만, 학교에 의해 배분되어 왔기 때문에 젊은이는 일자리를 얻지 못하는 리스크를 회피할 수 있었던 것이다.

리스크 발생의 사회심리적 영향 — 자기실현의 강조

그리고 근대사회의 형성과 더불어 선택에 따르는 리스크의 발생이 사람들의 사회의식에 미치는 영향에 관해 간단히 살펴두기로 한다.

전근대 사회에서는 리스크를 무릅쓰며 새로운 일을 하는 것은 환영받지 못할 뿐만 아니라, 질서를 파괴하는 행위로 금지되는 경우가 대부분이었다.

그러나 근대 이후 사회나 개인을 '보다 좋은 상태'로 변화시키기 위해 '리스크'를 무릅쓰는 것은 칭찬받기에 합당하다. 현세에서 자신의 '보다 좋은 상태'를 목표로 하여, 선택하고 노력하는 것은 사회로부터 평가받기에 '좋은 일'이 되었다. 이것은 개인 생활이나 의식에 중요한 변화를 가져왔다.

그것은 사회에 대한 '자기실현'의 강조이다. 여기에서는 스스로의 의지로 선택하고 스스로 마음에 그린 상태를 실현하는 것을 '자기실현'이라고 정의해 두자. 운명에 얽매여 있던 전근대 사회에 비하면, 현재 상태에 '불만'을 느끼는 사람들도 노력하면 궁핍에서 탈출할 수 있다는 '희망'을 가질 수 있는 사회이다.

그러나 자기실현의 강조는 개인 생활이나 의식에서 플러스 측면뿐만 있는 것이 아니다. 우선 선택지가 다양하더라도 그 선택지가 실현될 수 없는 경우가 발생한다. 따라서 리스크인 것이다. 자기실현 할 수 없는 상태를 만나면 자기무력감에 빠지게 되고, 그 중에는 절망감에 빠져 자살하는 사람도 나오곤 한다.

자기실현을 하지 못하고 상태가 나빠졌다고 해도 누구를 탓할 수도 없다. 즉 '자기책임' 개념이 발생하기 때문이다. 자기책임은 개인의 감정 상태에 상당한 중압감을 가져온다.

동시에 자기실현의 강요라는 사태도 나타난다. 리스크를 받아들이는 것이 칭찬받게 되면, 리스크를 취하지 않고 있는 것, 자신의 이상을 갖지 않는 것, 목표로 하지 않는 것 자체가 비난받게 된다. 근대인에게는 이상적인 상태를 자신의 힘으로 만들라고 하는 압력이 항상 뒤따르게 된다.

고도성장기의 리스크 특징

일반론과 거리를 두어, 제2차 세계대전 이후 일본에 국한하여 리스크 변화를 살펴보기로 한다.

제4장에서 상세히 논의하겠지만, 전후 경제의 고도성장기를 거쳐 1990년 경까지는 '리스크'를 염려할 일 없이 생활할 수 있었다. 그것은 고도성장기가 전근대형의 위험, 즉 '외부 리스크'를 큰 폭으로 삭감했던 시기였고, 선택에 따른 내부 리스크가 작기는 하나 억제되어 있었기 때문이다.

우선 이 시기에 과학기술의 발전 및 경제성장에 의한 풍요로움의 혜택으로 인해, 외부 리스크가 큰 폭으로 감소되었다. 의료 수준이나 영양상태의 향상으로 평균수명이 길어지고 토목공사가 전국적으로 시행되어 재해에 의한 생활 파괴 위험성도 줄어들었다. 국민국가가 총력을 기울여 외부 리스크로부터 사람들을 보호했던 시기라고 할 수 있다.

반면 여러 영역에서 선택지가 증가하고 내부 리스크가 발생한다. 그러나 고도성장기는 리스크가 뒤따르는 선택이라 하더라도 '리스크가 낮은(low risk)' 선택지가 준비되어 있었다, 즉 '리스크가 높은(high risk)' 선택지를 택하지 않을 자유가 있었던 것이다.

직업을 살펴보면, 전후 잠시 동안은 농업 등 자영업이 많았기 때문에 부모의 직업을 계승하는 선택지도 있었다. 또한 기업 사회의 형성기에 젊은이에 대한 노동수요가 매우 강했기 때문에 학교를 졸업하면 학력에 알맞은 취직처는 얼마든지 있었다. 남자라면 기업에 취직하기만 하면 연공서열로 수입이 오른다는 기대를 가질 수 있었고, 실업 리스크는 낮고 실업했다 하더라도 새로운 취직처를 곧 찾을 수 있었다.

결혼의 경우, 스스로 상대를 찾을 수 없으면 중매라는 수단이 준비되어 있었다. 이혼은 전전(戰前)에 비해 적어지고 결혼하기만 하면 일생 지속된다는 것을 전제로 생활을 설계해도 틀림이 없었다.

남자는 굳이 독립, 불안정한 직업, 모험적 전직(轉職) 등의 길을 선택하지 않는다면 생애의 수입은 예측할 수 있었다. 또한 여자는 굳이 독신의 길을 선택하지 않는다면, 굳이 건달이나 주당과 같이 위험한 남자와 결혼하지 않는다면, 모든 인생의 생활이 곤란하다고는 생각하지 않았다. 즉 '허황된 소망'이나 '모험'이라는 선택만 하지 않으면 안정된 생활이 약속되었다.

이때는 개인들이 장래를 예측하고 생활을 설계하기가 용이한 시대였다. 그 가운데는 작은 선택에 의한 작은 리스크가 있었다 하더라도 '보통 수준의 생활' 자체를 위협하는 것은 아니었다.

물론 도산이나 실업, 이혼 등의 사태가 전혀 없는 것은 아니었지만 선택의 결과라고 말하는 것보다도, '예외' 즉 '운이 나쁘다'고 의식할 수가 있었다. 또한 경제의 고도성장으로 인해 노동력이 부족했기 때문에 건강하기만 하면 재취업 등에 의한 재출발이 용이했다.

정부는 '리스크'를 억제하기 위해 경제활동에 규제를 마련하고 업계를 지도하거나 공공사업이라는 형태로 중소기업이나 자영업자의 '안정'을 도모했다. 민법 개정을 통해 가족제도를 폐지하고 협의이혼제를 택하여 합의 없는 이혼을 하기 어렵게 만들었다. 실업보험, 연금제도, 의료보험 등 사회 보장의 구조를 정비하고 리스크가 생겼을 경우의 '장래 예측'도 세울 수 있도록 했다.

경제의 고도성장기에는 '예측 가능성이 높은' 사회, 즉 사회심리학자 야마기시 토시오 山岸俊男 가 말하는 '안심사회'가 존재하고 있었던 것이다(山岸俊男, 『安心社會から信賴社會へ』).

2-3. 리스크의 보편화— 현대 사회의 리스크 양상 1

그러나 1990년경부터 일본에서도 경제 및 사회시스템의 변화로 인해 리스크 사회는 새로운 단계에 접어들고 있다. 그것을 두 시점에서 살펴보면, 하나는 리스크 자체의 성격 변화이며 또 다른 하나는 리스크에 빠졌을 때 대처하는 방법의 변화이다.

우선 필자가 '리스크의 보편화'라고 명명한 현상을 설명하기로 하겠다. 이것은 울리히 벡이 "리스크를 선택하는 것을 강제당하는 사회"(Ulrich Beck and Elisabeth Beck-Gernsheim, 『Individualization』)라 부르고, 지그문트 바우만은 "선택을 강요받는 사회"(『Liquid Modernity』)라 부른 상황을, 필자 나름대로 정리하여 지칭한 것이다. 이 사태를 한마디로 요약하면, 리스크를 미리 피할 수 있는 길이 닫힌 사회 상황이 출현했다는 것이다.

벡의 '리스크 사회론'에 대한 반론으로 "예로부터 위험(해저드)은 존재했었다"는 의견이 있다(Deborah Lupton (ed.), 『Risk and sociocultural theory』). 범죄, 병, 실업, 이혼 등은 여러 선진국에서도 예로부터 존재해 왔던 것이며, 지금에 와서 애써 리스크 사회라고 말하지 않아도 좋은 것이 아닌가? 하는 논의다. 그러나 이 의견은 실제 생활하는 사람의 '안심'감을 고려하지 않고 있다. 확실히 옛날에도 위험은 존재했지만 '리스크'는 어디에나 존재한 것은 아니다. 경제의 고도성장기로부터 1990년경까지는 커다란 리스크를 피할 수 있는 길이 '모든 사람에게' 열려 있었던 것이다.

그러나 오늘날은 리스크를 택하도록 강요당하는 사회이다. 이것은 지금까지 안전하다고 생각하고 있던 선택지까지도 리스크가 수반됨으로써 발생한 것이다.

이러한 리스크의 보편화 현상을 설명하는 데는 다음 몇 가지 예로도 충분하다.

'저금'을 생각해 보자. 20년전 아니 1995년경이라도 돈을 맡기는 경우, 주식이나 선물 등의 금융상품에는 리스크가 수반되지만, 은행에 맡기면 원금과 이자가 보장된다고 하여 안심할 수 있었다. 그러나 1997년에 금융위기가 발생하여 페이오프(pay off) 제도가 생겨났다. 일류은행조차도 도산이라는 리스크와 무관하지 않다는 인식이 퍼지고 100% 안심하고 맡길 수 있는 돈의 보관처는 존재하지 않게 되었다.

이제 범죄 통계를 살펴보자. 도쿄도東京都의 '소매치기'에 관한 통계에 따르면, 1990년경 소매치기의 발생이 높은 지역은 이케부쿠로池袋, 신주쿠新宿, 시부야澁谷, 아사쿠사淺草 등 번화가에 한정되어 있었다. 그 외 지역의 발생율은 매우 낮았다. 그러나 2000년이 되자 지금까지 안전했던 주택가에서의 발생율이 급증하기 시작했다. 즉 옛날에는 특정한 장소에 가까이 가지 않으면 안심할 수 있었던 것이 지금은 일본 전국 어디에서도 소매치기 당할 리스크가 생겨난 것이다. 물론 소매치기에 국한되지 않고 어린이 유괴 사건 등도 지방의 통학로에서도 일어나게 되어 100% 안전하다고 말할 수 있는 어린이 통행로는 일본에서 사라져 버린 것 같다.

식품에서도 같은 현상이 나타나고 있다. 10년 전이라면 예외가 있긴 하더라도 유명 기업의 브랜드 식품이라면 거기에 유해 물질이 포함되어 있지 않다고 믿어도 틀림이 없었다. 또한 예전부터 먹어 온 것이라면 안전하다고 말해도 좋았다. 이름도 없는 메이커의 식품이나 이상한 식품에 손을 대지 않으면 식사로 인해 건강을 해치는 리스크와는 무관했다. 그러나 최근 유키지루시雪印 우유 사건과 이른바 BSE로부터 조류 인플루엔자 사건 등, 지금까지 일반 루트를 통해 당연히 먹고 있어서 안전하다고 생각해왔던 식품조차도 리스크와 무관한 것이 아니라는 사실이 확인되었다.

물론 은행의 도산, 범죄나 위험한 식품에 '걸리게 될' 확률은 상당히 낮다.

따라서 너무 리스크를 강조하는 것은 불안을 부추기게 된다. 그러나 중요한 것은 '리스크'를 미리 피하는 것이 점점 어려워지고 있다고 하는 현실이다. 가장 안전한 보관처는 돈을 금융기관에 맡기지 않는 것이다. 소매치기를 만날 확률을 제로로 하려면 집에서 한 걸음도 나오지 않는 것이다. 식품의 리스크를 완전히 피하기 위해서는 아무것도 먹지 않는 것이다. 즉 일상생활을 영위하는 한 리스크를 취하지 않을 수 없는 것이 리스크가 보편화된 사회라고 말할 수 있다.

물론 도난을 만날 확률을 낮추기 위해서는 경비보장회사와 계약하면 좋고, 오염식품을 피하기 위해서는 유기농법으로 만들어진 식품을 산지(産地) 직송으로 사면 좋다. 그러나 이것은 새로운 문제를 야기한다. 고도성장기에는 궁핍한 사람이라도 '의지'를 갖고 리스크를 피할 수가 있었다. 그러나 오늘날에는 리스크를 피하자면 의지만으로는 충분하지 않고 '돈'이 필요하게 되었다. 이 점에 관해서는 3장 4절에서 다시 논의하겠다.

리스크의 보편화 현상은 생활의 핵심 부분인 '직업' 이나 '가족'의 영역에까지 미치고 있다. 자세한 것은 5장, 6장에서 다루겠지만, 리스크 변화의 이미지를 파악하기 위해 간단히 말해 둔다. 30년 전이라면 상장기업에 취직한 남자의 경우 실업과는 무관한 생활을 보낸다 생각해도 틀림이 없었다. 그러나 지금은 일류기업의 정사원이라 하더라도 실업 리스크와 무관하지 않다. 30년 전이라면 문제없이 부부 생활을 영위하고 있으면 이혼할 일은 없다고 생각해도 무방했다. 그러나 지금은 정년 후 갑자기 상대로부터 이혼을 선언 당하거나, 부부사이에 문제가 없어도 더 좋아하는 사람이 나타나 이혼, 또는 재혼하는 사례도 많아지고 있다. 보통 결혼 생활을 보내고 있다고 생각하더라도 장래 이혼하지 않는다고 하는 보장은 이미 할 수 없게 되었다.

생활 리스크의 변천

전근대 사회에서 현재에 이르는 생활 리스크의 변천을 도표로 만들어 보았다(도표 2-1).

도표 2—1 생활리스크의 변천 개념도

[전근대사회]

위험

안전

위험

[근대사회]

위험

안전

위험

[현대(후기근대)사회]

위험

경계소실

안전

경계소실

위험

전근대 사회에는 안전한 영역은 일부분에 지나지 않고 거기에서 한 걸음 나오면 위험이 가득 찬 사회였다. 그래서 많은 사람들은 전통에 따른 변화가 없는 생활을 반복하는 것 외에 할 일이 없었다.

근대사회에서는 외부 위험이 축소되어 안전한 영역이 확대되었다. 그리고 선택에 수반된 위험을 피하는 길이 널리 존재했다. 그래서 위험에 직면할 수 있는 선택지만 택하지 않으면 대체로 어떤 선택지를 택하더라도 매우 안전한 생활을 할 수가 있었다.

현대사회는 위험과 안전의 경계선이 상실되어가고 있는 사회다. 보다 위험한 선택지, 보다 안전한 선택지는 있어도 절대 안전한 선택지는 없다. 리스크를 택하지 않을 수 없는 상황 그것이 리스크의 보편화인 것이다.

2-4. 리스크의 개인화 ─ 현대 사회의 리스크 양상 2

1990년경까지 ─ 중간집단이 개인을 보호했던 시기

이어서 현대 사회 리스크의 또 다른 양상인 '리스크의 개인화'에 관해 설명하기로 하자.

근대사회의 안정기(일본에서는 전후부터 1990년경까지를 상정)에는 개인과 사회간에 다양한 '중간집단'이 있어서 개인에게 발생하는 생활 리스크를 막아주고 있었다. 개인 측면에서 보면 리스크에 휩쓸릴 것 같게 되었을 때 리스크가 현실화하는 것을 막아주고 또한 리스크가 발생한 후 도움(care)을 기대할 수 있는 중간집단이 존재했다.

그것은 우선 가족이며 기업이었다. 친족 커뮤니티도 어느 정도까지는 기대할 수 있었다. 또한 생활 리스크에 빠질 확률이 높다고 생각하는 사람들은 집단을 만들어 하나의 그룹을 형성함으로써 리스크로 인한 생활의 위협을 막는 방법도 있었다.

예를 들면 약한 입장의 다수 노동자는 해고되더라도 노동조합이 자신들을 보호해주리라 기대할 수 있었다. 자영업자는 '업계단체(業界團體)'에 속해 있으면 자금 융통이 막혀도 도움 받을 수 있다는 기대를 가질 수 있었다. 중소기업은 대기업의 계열에 속해 있으면 일감이 떨어질 염려가 없고 사업에 다소 실패하더라도 모(母)회사가 도와줄 것이라는 기대를 할 수 있었다.

또한 가족의 영역에서도 이혼하거나 부모가 병이 들거나 죽거나 해도 친척이나 이웃 사람들이 각양각색으로 도와주었다. 무엇보다도 가족의 생활 자체를 남자 고용자의 안정된 수입을 통해 기업이 보호하고 있다고 하는 측면도 있었다.

또한 공적으로는 연금이나 건강보험 등의 사회보험, 사적으로는 개인 기업이 제공하는 생명보험이나 상해·화재보험의 시스템이 정비되어 다양한 생활 리스크에 대응하는 것이 가능했다.

즉 고도성장기에는 중간집단(및 보험 시스템)이 사람들이 생활 리스크에 노출되는 것을 방지해주고, 설령 생활 리스크에 노출되었다 하더라도 그러한 사람들을 보호해왔다.

1990년대 이후 — 중간집단이 개인을 보호할 수 없게 되었다

그런데 현대사회(특히 1990년 이후의 일본사회)는 여러 의미에서 중간집단이 다양한 생활 리스크로부터 개인을 보호할 수 없는 사태가 발생하고 있다(보호할 수 없게 된다고 말하는 편이 낫다).

우선 중간집단이 더 이상 그 구성원을 보호하려는 '의지'와 '여유'를 가질 수 없는 상황이 발생하고 있다.

한 예를 들어보자. 몇 년 전 어느 신문 독자투고란에 한신아와지 阪神淡路 대지진으로 집을 잃은 고령의 남자가 투고했다. 내용인즉, 집을 다시 지으려고 계획했지만 고령이라는 이유로 융자를 신청할 수 없어, 별거하고 있는 아들에게 말을 꺼내자 그도 자신의 아파트 대출금을 갚기에도 힘이 들어 도저히 부모의 주택 융자금까지 책임질 수 없다고 거절당해 어찌할 바를 모르고 있다는 사연이었다.

만약 이런 경우가 되면 가족이라고 해서 의지할 수 있는 것은 아니다. 그 배경에는 생활수준이 높아져 버린 것도 이유로 들 수 있다. 이 사례의 경우 만약 부모가 굶고 갈 곳이 없다고 한다면 아들도 도왔을 것이다. 그러나 수준이 높아진 생활 리스크를 한 사람이 2세대 분을 책임질 여유가 사라져 버린 것이다.

기업도 마찬가지다. 소위 '정리해고'라는 이름하에 구조조정이 한창이다. 이제 기업이 잉여 인원을 거느리고 있을 여유가 없어졌다. 그만큼 능력을 기대할 수 없는 사람에게 상당한 급여를 지불하고 있으면 기업 자신이 무너져 버린다. 그렇다고 해서 전원의 급여를 내리면 사원의 모럴이 낮아진다. 일부 사원을 해고함으로써 생활 리스크에 노출시키는 선택을 하지 않을 수 없게 되었다.

그리고 실직한 남자사원을 가족이 보호해주기는커녕 '실업이혼'이라는 사례도 많아졌다. 실직해서 재취업의 전망도 없는 남편을 단념하고 이혼하여 친정으로 돌아가거나 자녀와 둘이 살거나 혼자서 생활하거나 이러한 생활을 거쳐 재혼하거나 하는 사례 등이다.

물론 이러한 사례는 소수에 지나지 않는다고 말할 수도 있다. 많은 자녀는 부모를 도우려 하고 종신고용을 지킨다고 선언하는 기업도 많고, 실업한 남편을 가진 아내는 스스로 일하러 나가서 가계를 지탱하려는 것이 현실적으론 많을 것이다.

그러나 가족이나 기업이 결국은 의지할 곳이 못 된다는 예를 많이 보고 듣게 되면, 중간집단(가족이나 기업)이 리스크를 책임지지 못할지도 모른다는 '리스크'를 고려하지 않을 수가 없게 된다.

중간집단 자체가 리스크가 되다

그리고 중간집단 자체가 리스크의 원인이 되는 사태가 확산되고 있다. 피고용자에게 전혀 실수가 없었다 하더라도 기업이 경영에 실패하여 도산하면 실직하게 된다. 기업은 생활 리스크로부터 노동자를 보호해 주기는커녕 기업 그 자체가 '리스크'가 되는 것이다.

가족의 경우 DV(domestic violence, 가정내 폭력)나 아동학대가 부부나 부모 자식간에 행해지는 사례가 많다. 생활을 보호해야 할 가족이 생활을 파괴하는 원인이 되는 사례가 증가하고 있다.

약자가 연대하는 것이 어려워지다

더욱이 리스크를 가지고 있는 사람들이 모여 행동하는 것이 지극히 어려워지고 있다. 예를 들면, 근대 초기에는 생활을 위협당한 노동자는 조합을 만들어 자본가에 대항함으로서 자신들의 생활 리스크를 극복하려고 했다. 그러나 오늘날 가장 리스크가 높은 노동자인 '프리터'나 실업자는 단합하여 행동할 수 없다. 왜냐하면 앞서 말한 것처럼, 현대의 보편화된 리스크가 특정한 사람들에게 집중적으로 나타나는 것이 아니라, 확률적으로 '덮쳐오는' 것이기 때문이다.

얼마 전까지 저임금에 괴로워하는 노동자들은 전원이 저임금으로 괴로워했고 생활 상황도 비슷했다. 그래서 연대의식을 느끼고 함께 뭉쳐 행동할 수가 있었다. 그러나 오늘날 정리해고는 일부 노동자에 해당되는 만큼 개별적으로 '덮쳐오는' 것이다. 또한 기업은 아르바이트를 고용하지만 반면 정사원도 고용하고 우대한다. 정리해고된 사람이나 아르바이터와 기업에 남은 노동자간에는 공통 이해가 없기 때문에 연대는 불가능하다. 정리해고된 사람이나 아르바이터는 각 개개인에 지나지 않으며 또한 각각의 생활 상황이 완전히 다르기 때문에 연대의식이 생길 리 없다. 부모에게 기본생활비를 지원받으며 저임금으로도 생활을 즐길 수 있는 프리터와 독신생활로 인해 생활고에 허덕이는 프리터도 함께 행동할 기회가 없다. 약자라 해도 그들의 힘만으로 연대할 수 없다(이는 라이시나 바우만이 강조하는 점이다).

즉 "약자로 전락할지도 모른다"는 의식만으로는 연대하는 것이 불가능하다. 왜냐하면 많은 사람이 "약자로 전락하지 않는다"고 생각하고 있고, 실제로 전락하지 않는 사람이 있기 때문이다.

마지막으로 고도성장기에 리스크로부터 사람들을 보호하기 위해 발달한 사회보험, 개인보험 자체가 리스크가 된다고 하는 사태가 발생하고 있다. 개인보험으로 말하면, 1990년대 말 발생한 몇몇 생명보험회사의 파탄은 '보험 시스템' 자체가 리스크를 내포하고 있다는 현실을 세상에 알려주었다. 공적연금제도는 소(少)자녀 및 고령화로 인해 재정이 악화되고 있어 "장래 연금을 정말로 받을 수 있을까?" 하는 불안이 생기고 있다. 물론 이것은 '불안'에 지나지 않는다고 할 수도 있다. 그러나 사람들의 의식이나 행동을 변화시키기에는 '불안'만으로도 충분하다.

'자기책임'의 진정한 의미

자기 자신에 대해서는 자신이 결정한다. 이것이 자기결정의 원칙이다. 그리고 스스로 선택한 것의 결과에 스스로 책임을 지는 것이 '자기책임'의 원칙이다. 리스크의 개인화가 진행되고 있다는 것은 자기 결정이나 자기책임 원칙의 침투와 동전의 양면과도 같다. 리스크를 만나는 것은 자신의 결정에 근거하고 있기 때문에, 그 리스크는 누구의 도움도 기대하지 않고 스스로 처리해야만 하는 것이다.

실직했거나 프리터가 되는 것은 자신의 능력 문제다. 이혼하는 것은 이혼할만한 상대와 결혼했기 때문이다. 그리고 보험회사가 도산해서 보험금을 받을 수 없는 것은 위험한 회사를 선택한 개인의 책임인 것처럼, 보험이라는 위험 분산에 수반하는 리스크 책임까지도 받아들여야 하는 것이다.

오늘날 일본에서는 리스크의 보편화가 진행되고 있으며 개인의 의지로 피할 수 있는 것은 아니라는 점을 앞 절에서 살펴보았다. 그리고 리스크를 피할 수 없게 되면서, 개인은 리스크를 방지하고 발생된 리스크를 스스로 극복하지 않으면 안 되는 시대가 되었다. 그 리스크에 대처하는 개인간에 차이가 난다는 것이 최근의 경향이다. 이 문제를 다음 장에서 고찰하기로 한다.

운에 의지하는 사람의 증가

리스크가 보편화되고 위험 분산이나 리스크 처리의 책임이 개인화하면서 사람들의 사회의식에 큰 영향을 미치게 된다.

자유화를 주장하는 논자는 선택에 대해 스스로 책임지는 경향이 강한 사회가 되면, 장래 설계에 관해 전략적으로 생각하는 사람들이 증가하여 사회가 활성화된다는 가정을 내세운다. 확실히 일부 능력 있는 사람은 승자 그룹이 된다는 희망을 가지고 장래를 위해 노력을 쌓아갈 것이다.

그러나 리스크화가 진행되어 자기책임이 강조되자, 자유주의 논자가 상정한 결과와는 정반대 일이 일어나기 시작하고 있다. '운에 의지하는' 사람의 출현이 그것이다. 리스크는 누구에게도 일어날 수 있지만, 결과적으로 위험한 상태에 빠지지 않고 해결될 가능성도 있다. 그렇게 되면 리스크에 대비하여 사전에 노력을 해도 쓸데없게 된다. 그러면 많은 사람들은 희망을 잃고 열심히 노력하려는 의지를 상실하게 된다. 그리고 노력을 하지 않고, 리스크를 무시하고 현실에서 도피하여 살아가는 '자기책임'과는 반대의 인간 유형을 초래할 위험성이 있다.

운에 의지하는 사람이란 경마 등 갬블을 좋아하는 인간을 의미하는 것이 아니다. 자신의 인생 자체를 갬블화해 버리는 인간을 의미한다. 8장에서 상세히 분석하겠지만, 그 전형적인 예를 '프리터'나 '캥거루족'에서 찾아볼 수 있다. 아르바이트를 하면서 꿈을 추구하는 프리터는 꿈이 실현되지 않았을 경우의 일을 생각하지 않는다. 고수입의 남자와 결혼할 수 있으리라는 것을 믿으며 여유있는 의존 생활을 하는 미혼 여자는 결혼하지 못할 것이라는 사례를 생각하지 않는다. 그들이 '운이 나쁘게' 취직 못하고 결혼할 수 없을 때 그들에게 도움의 손길을 뻗칠 사람이 있을 것인가?

제3장

양극화하는 사회—분열되는 사회

3-1. 양극화란 무엇인가

승자 그룹과 패자그룹

버블 붕괴 후 '승자 그룹 / 패자 그룹'이라는 말이 종종 사용되고 있다. 경제의 구조조정이 진행되는 가운데 경제의 새로운 궤도에 오를 수 있어 기업실적을 늘리고 있는 기업을 '승자 그룹', 불량채권에 허덕이며 새로운 궤도에 오르지 못해 기업실적이 악화되고, 실제로 도산 위기에 휩쓸리고 있는 기업을 '패자 그룹'이라고 부른다. 물론 예로부터 기업의 흥망은 있었다. 그러나 그것은 석탄산업이 쇠퇴하거나 전기나 수퍼마켓 업계가 성장하는 등 업종의 흥망이었다. 버블 붕괴 후에는, 같은 업종 중에서도 이익을 늘리고 있는 승자 그룹과, 불량채권으로 곤란해지고 지원을 받을 수 없어 도산하는 패자 그룹이 구별되기 시작했다.

똑같이, 사람들의 실생활 속에서도 '승자 그룹' '패자 그룹'이 나타나기 시작하고 있다. 그 징조는 버블 경제기에 유행한 "마루킨"(부자의 상징적 표현), "마루비"(가난한 사람의 상징적 표현)라는 말로 표현된다. 『금혼권(金魂卷)』이란 책에서 와타나베 카즈히로渡辺和博와 타라코 프로덕션이 유행시킨 이 말에는, 같은 직업 카테고리에 속하면서도 사회적 평가가 높고 여유있는 생활을 하는 부자와 아무리 노력을 해도 전망이 보이지 않고 빠듯한 생활을 강요당하는 가난한 사람이 대비되어 묘사되고 있다. 그러나 이 시기에는 가난한 사람이라도 '조롱거리'가 될지언정 안정된 생활이나 장래에 대한 희망은 아직 존재하고 있었다.

그런데 버블 붕괴 이후 21세기에 접어들면서, 에르메스 옷을 입히고 코치 목걸이를 걸친 애완견을 데리고 산책할 정도로 여유가 있는 사람이 있는가 하면, 실직하여 처자식으로부터 버림받아 노숙자로 전락한 사람도 있다. 지금 패자 그룹으로 분류되는 사람들은 인간으로서의 최저 생활조차도 위협받고 있으며 장래에 대한 불안에 몸을 움츠리게 되었다. 이미 승부는 농담할 수 없을 정도로 심각한 사태가 되고 있다.

이와 같이 생활의 승자 그룹, 패자 그룹에 대한 구제할 수 없는 '그룹 편성'이 진행되고 있는 것이 오늘날 일본 사회다. 양극화 실태를 좀 더 자세히 고찰해 보자.

양적 격차·질적 격차

최근 양극화, 격차 확대 그리고 '분단'이라는 말이 끊임없이 사용되고 있다. 이미지로서는 정규분포의 한가운데 모여 있던 것이 양 극단으로 분산되어 나뉘어 간다는 것이다(도표 3-1).

도표 3-1 격차의 이미지

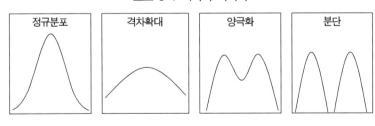

'양극화'란 말은 일반적으로 생활수준의 격차 확대라는 의미로 사용된다. 이 말에는 격차 확대가 진행되어 '중간'이 없어지고 상하로 분단된다는 이미지가 있다. 말하자면 중류화의 반대말이라 생각해도 좋다. 한편 분단이란

말은 사람들이 상하로 나뉠 가능성이 있으며 상하간에 갭이 생겨 그 갭을 용이하게 넘을 수 없다는 의미로 사용된다.

그러나 여기서 강조하고 싶은 것은 이 책에서 살펴본 '양극화'에는 수치로 나타낼 수 있는 '양적' 격차뿐만 아니라 '질적' 격차도 포함되어 있다고 하는 점이다.

예를 들어, 일에 있어 수입 격차도 단지 숫자만으로는 나타낼 수 없다. 프리터와 정사원의 연간 수입 격차는 약 150만엔이라고 하지만 그 격차에는 단지 연 수입 이상의 것이 있다. 그것은 신분 격차라고 해야 할 것이다. 정사원에게는 사회보험이나 업무상 연수 등 유형무형의 혜택이 있다. 게다가 정사원이라면 종신이라고는 할 수 없어도 5년 10년 계속해서 고용되어 있으며 정기적인 수입을 얻을 수 있다는 희망을 가질 수 있다. 한편 프리터는 수입이 불안정한 것은 물론이고 장래의 전망도 불안정하며, 한 번 프리터가 되면 정사원으로 채용될 확률은 낮아진다.

이렇게 정사원과 프리터 사이에는 단순한 수입 격차 외에 장래의 생활 전망에 대한 '확실한' 격차가 나타난다. 더욱이 그러한 차이가 어떤 양자 사이에는 일이나 인생에 대한 의욕의 유무 등 '사회의식'의 차이, 즉 심리적 격차가 나타난다. 이것이 '희망 격차'다.

현대 인간에겐 이 희망 격차가 실은 가장 중요하다.

그리고 양적 격차로 표현되던 것들이 신분의 차이나 심리적인 차이라는 질적 격차로 연결되고 있는 것이 오늘날 일본 사회에서 나타나고 있는 격차의 특징인 것이다.

'납득'의 메카니즘

여기서 주의해 두고 싶은 점은 생활수준의 격차나 확대 자체가 한 마디로 나쁘다고 말하는 것이 아니며 또한 사회 문제에 직결되는 것도 아니라는 것이다.

반대로 사람들의 능력, 노력이나 공헌이 차이가 나는데, 격차가 생기지 않는 상태는 오히려 '나쁜 평등'으로 사람들의 일할 의욕을 잃게 만들고 사회의 정체를 가져온다. 그렇다고 하더라도 반대로 너무 격차가 확대되어 극복하기 힘들게 되면 역시 일할 의욕을 잃게 되는 사람들이 증가하게 되어 사회의 불안정을 초래할 것이다.

이 논의는 적당한 '격차'가 좋다거나 중용을 목표로 한다는 의미가 아니다. 격차의 상황이 사람들의 심리나 사회에 미치는 영향을 고려하면서 현상을 분석하고 대책을 강구할 필요가 있다는 것을 말하고 싶은 것이다.

여기서 격차에 대한 사람들의 '납득'이란 요소가 중요해진다. 사회학적으로 말하면 '격차의 정당성'이다. 격차가 있다 하더라도 많은 사람이 납득하는 격차(정당하다고 보이는 격차)라면 불만은 일어나지 않는다. 그러나 반대로 '납득할 수 없는' 격차가 있다고 느끼는 사람이 많은 사회는 질서가 불안정하게 된다. 이 납득이라는 '메커니즘'이 제대로 작동하는지 어떤지가, 사회 질서의 안정이나 사회 발전의 기초가 되고 있는 것이다. 자세한 논의는 8장에서 다루기로 한다.

3-2. 격차의 시대적 변천

전근대 사회

사회가 근대화되기 이전에는 생활수준의 격차는 원칙적으로 태어난 부모의 직업에 의해 결정되었다. 전근대 사회는 직업선택의 자유가 없고, 부모의 직업을 계승하는(여자의 경우, 아버지와 비슷한 수준에 있는 남자의 아내가 된다) 것이 원칙이었다. 발전이라는 것이 없는 신분제 사회에서 농가 등은 자영업이므로 자신의 노력으로 생활수준이 올라가거나 내려가는 비율이 적었다. 자신의 부모로부터 상속받는 가산(전답, 상점, 상권 등)에 의해 생활수준이 결정되었다. 따라서 노력을 통해 가산을 지키는, 즉 부모로부터 이어받은 생활수준을 유지하는 것이 고작이었다. 사회 질서는 신분적 질서, 가산의 많고 적음에 따른 질서이며, 이것을 바꾸는 것은 용납되지 않았다. 에도 시대라면 가신의 자식은 가신, 최하급 무사의 자식은 최하급 무사, 백성의 자식은 백성이다. 보기 드물게 특별한 능력을 발휘해서 출세하는 경우는 있어도 어디까지나 예외로 처리되었다.

또한 여자는 결혼을 전제로 한다면, 부모이상의 신분의 남자와 결혼함으로써 부모이상의 생활수준을 누릴 기회, 즉 상승혼(上昇婚)도 있었지만 그 확률은 작았다. 물론 남자도 부모 신분 이상의 여자와 결혼하는 '데릴사위'라는 기회도 있었지만, 여자에 비하면 현저히 적은 예외적 사태였다.

이 생활수준 격차의 정당성은 전통이나 종교라는 납득 장치에 의해 유지되고 있었다. 예로부터 그렇다거나 신이 결정했다는 이유로 사람들은 납득했던 것이다. 반대로 격차가 고착화되고 영속되고 있기 때문에 더욱 사람들이 납득하기 쉬웠다고 하는 측면도 있다.

근대사회 — 실력이 '격차'가 되는 시대

근대사회는 부모의 직업을 계승하지 않아도 되는 사회, 결혼도 자유롭게 할 수 있는 사회다. 또 자유주의 그리고 자본주의 사회는 기업 사회이기도 하다. 능력만 발휘하면 기업 안에서 지위가 올라가 고수입을 올릴 수 있고 스스로 기업을 일으킬 수도 있다. 실력(재능 플러스 노력)에 의해 생활수준을 상승시켜 격차를 내거나 지금까지 존재한 격차를 해소하는 것이 가능하게 된다.

기회가 균등하기만 하면 누구라도 기업가로서 성공할 수 있고 고용자도 실력으로 출세할 수 있다고 하는 사회가 근대사회라면, 겉으로는 생활수준의 격차가 실력의 반영이라는 해석이 성립된다. 그리고 근대사회에서 격차의 정당성은, 이 점 즉 생활의 격차는 실력의 차이기 때문에 "납득해야 하는 것"이라는 이데올로기(이것을 '실력주의'라 한다)에 의존하고 있다.

다만 이 '실력=생활수준의 격차'를 표면적 형식으로 하는 근대사회 시스템에는 몇 가지 문제점이 나온다.

근대사회 계층격차의 문제점

문제점 ① 부모의 격차에 의한 간접 효과

확실히 직업 선택이 자유화되어 부모의 직업과 달리 스스로 직업을 선택할 수 있는 시대가 되었다. 또한 상속세 제도에 의해 부모 유산에 의한 생활수준 격차의 영향도 완화되게 되었다. 그러나 그렇다고 해서 출생에 의한 영향이 없어진 것은 전혀 아니다. 어떤 부모 밑에서 태어나는가에 따라, 결과적으로 그 자녀가 몸에 익히는 '실력'이 달라진다. 넉넉한 부모 밑에서 태어나면 보다 좋은 교육을 받을 기회가 커지고 부모의 네트워크도 이용할 수 있다. 프랑스 사회학자 부르디외가 강조한 것처럼 문화적인 환경도 영향을 준다. 비록 잠재 능력이 있어 똑같이 노력했다 하더라도, 넉넉한 부모의 자녀가 유리하다. 이러한 간접 효과는 완전히 없앨 수 없다.

문제점 ② 성 역할 분업사회 —남자의 돈벌이 능력에 여자는 종속

산업화 이전의 자영업 사회에서는 여자도 남자와 같이 일꾼의 한사람으로서 생산노동에서 일정한 역할을 담당했다. 그러나 근대사회는 남편이 주로 밖에서 일하여 수입을 얻고, 아내는 집에서 가사나 육아를 맡는 '성역할 분업사회'이다. 이것은 남녀 생활수준 격차의 의미가 달라지는 것을 나타낸다. 남자는 자신의 실력이 생활수준에 직접 반영된다. 그러나 '주부'인 여자의 생활수준은 자신의 일할 수 있는 능력이 아니라, 남편의 능력에 의해 결정된다. 즉 여자에게는 자신에게 일할 수 있는 능력을 키우는 것보다도, 어느 정도의 수입을 기대할 수 있는 남자와 결혼할 수 있는가가 문제가 된다. 물론 "고수입의 남자와 결혼하기 위해 노력했다" "남편을 출세시키기 위해 노력했다"고 하는 논의도 있지만, 주부는 본인의 노력이나 실력과는 관계없이 생활수준이 정해지는 것이다(졸저 『결혼의 사회학』 「가족이라는 리스크」 참조).

문제점 ③ 약자 출현

전근대사회는 통제 경제였기 때문에 격차가 있었다 해도 그 수준은 사회적으로 고정되어 있었다. 에도 시대라면 영주는 어느 정도의 생활수준이고 소작농은 어느 정도 생활을 할 수 있는지를 예측 가능했다. '신분에 걸맞은'

상식을 공유하고 있어 격차가 과도하게 확대되는 것을 막고 있었다. '신분'에서 벗어난 사치를 부리는 일부 상인에 대해서는 재산 몰수 또는 반감 등의 제재가 가해졌던 것이다. 그러나 근대사회에서는 실력에 의해 수입에 어느 정도 격차가 생기는가는 시장에 의해 정해진다. 특별한 실력이 있는 사람에게는 고수입의 길이 열려져 있다. 그러나 실력이 생활수준에 반영된다고 하는 것은, 실력이 없거나 혹은 있었더라도 지금 도움이 되지 않는다면 수입이 지속적으로 감소된다는 것을 의미한다. 즉 부자도 있고 노숙자도 출현하듯이 격차의 확대가 아무런 제약 없이 진행될 수 있는 사회이다. 스스로 자신의 생활을 유지조차 할 수 없는 '약자'가 출현하는 것이 근대사회 격차의 큰 문제점이다.

경제의 고도성장기

일본에서 경제의 고도성장기에 생활수준의 격차는 축소되어 왔다. 물론 통계 자료상 실제로 격차가 축소되었는지 여부는 논의해야 할 부분이다. 그러나 직관적으로 '1억 총 중류화'라 불리듯이 격차가 축소되어 왔다고 할 수 있다. 그 원인은 앞서 지적한 근대사회 격차의 문제점이 잠재되어 있었기 때문이다.

우선 부모의 영향이 상대적으로 저하된 것을 들 수 있다. 산업구조의 전환에 의해, 농가를 중심으로 한 자영업 사회에서 기업 등에 근무하는 샐러리맨 사회로 이행했던 것이 고도성장기이다. 그곳에서는 학력이나 입사 후의 실력에 의해 수입이 정해지는 것을 기대할 수 있었다. 또한 전쟁으로 인한 재난 때문에 자산이 있는 부모 자체가 적었다. 즉 부모에 의한 간접 효과를 실감할 기회가 적었다고 말할 수 있다.

한편 전업주부인 여자의 경우에도 남편인 샐러리맨의 수입이 연공서열과 경제성장의 영향으로 '증대'했기 때문에 숫자 이상으로 격차의 축소를 실감할 수 있었다. 즉 장래생활수준의 상승을 전망할 수 있을 때는, 현재 비록 격차가 있어도 장래에 따라잡을 수가 있다고 생각되었기 때문이다.

또한 성장 사회에서 노동력이 부족했기 때문에 실업 리스크가 적고 비록 실업이나 사업에 실패했다고 하더라도 재출발하기 쉬웠다. 성실하게 일하는 남자라면 수입 증대를 전망할 수 있었던 것이다.

이러한 형태로 약자의 출현을 최소한으로 억제할 수 있었던 것이 전후의 고도성장기였다.

3-3. 현대사회 격차의 특징

양극화하는 사회

최근 일본 사회에서는 다양한 형태로 '격차 확대'에 관한 논의가 진행되고 있다. 가장 앞선 논의는 다치바나키 토시아키 橘木俊詔의『일본 경제격차』와 사토 토시키 佐藤俊樹의『불평등사회 일본』이다. 두 사람 모두 전후에는 경제 격차가 축소되어 왔지만, 1990년경을 경계로 격차가 확대 방향으로 반전했다는 논의이다. 이 격차의 재확대 여부나 해석을 둘러싸고 다양한 논의가 진행되고 있는데, 그 성과의 하나는 저자도 참가한 재무성 연구회의 보고서가 있으니 참조하길 바란다(히구치 미오 樋口美雄, 財務省財務總合政策硏究所 편저『일본의 소득격차와 사회계층』).

다치바나키橘木나 사토佐藤의 논의는, 통계조사에서 증명된 것으로 근년의 격차 확대의 한 경향을 나타내고 있다. 예를 들면 다치바나키가 강조하듯이, 소득의 불평등도를 나타내는 지니(Gini's)계수는 1990년경부터 상승경향에 있다(도표 3-2). 또한 사토가 지적하듯이, 근년 아버지와 아들의 계층관련성이 다시금 강해지고 있고 계층이 고정화되는 경향을 볼 수 있다.

그러나 이러한 논의에 관해서 내가 불만스럽게 생각하는 것은 남자의 수입 격차에 대한 것만 논하고 있다는 것, 또한 수입격차가 양적인 것으로 표현되어 질적인 격차(다소의 노력으로는 뛰어넘기 불가능한 차이)를 논하지 않는 것이다. 반복하지만, 사회 질서에 있어 문제는 격차를 납득할 수 있을지의 여부에서 나타나며, 그 때 사람들이 의식하는 것이 질적인 신분의 격차이기 때문이다. 물론 통계자료나 대량조사 자료에서 질적 격차까지 언급하는 것은 무리가 있지만.

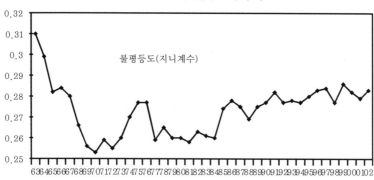

도표 3-2 소득불평등도의 추이

출처: 『가계조사 보고』에서 오타케 후미오(大竹文雄) 오사카대학 교수가 산출
    『일본의 소득격차와 사회계층』 히구치 미오, 재무성 재무종합정책연구소(편)
    (2003, 일본평론사)

지금 발생하고 있는 격차확대는 이장의 서두에서 말한 것처럼, 다만 남자의 수입격차가 벌어진 것으로 해석할 수 있는 문제는 아니다. 여러 논자의 논의를 필자 나름대로 정리하면, 현대 일본사회에서의 양극화현상은 ① 직업에 질적인 격차가 출현하여 확대되고 있다는 것과 ② 자신의 업무 능력에 의하지 않는 생활수준의 격차가 출현·확대되고 있다는 것이 특징이다. 이 점을 검토하기로 한다.

직업 능력의 질적 격차

양극화의 첫째 특징은 뉴 이코노미로 불리는 산업구조로 전환함에 따라 기업에서 필요로 하는 일 및 능력의 질적 격차가 출현하고 있는 점이다.

5장에서 상세히 설명하겠지만, 고도성장기의 대량생산, 대량소비형의 경제(이것을 편의적으로 올드 이코노미라 부르기로 한다)에서는, 기업에 근무하면서 일과 능력을 서서히 향상시켜가는 형태의 일이 많았다. 기업은 많은 남자 종업원을 장기적으로 고용하고 직장에서 필요로 하는 일과 능력을 배양하는 것이 기업의 발전에 도움이 되었다.

그러나 뉴 이코노미 하에서는 전문적 능력이 필요한 직종과 지침대로 일하는 것만으로 능력의 향상이 원칙적으로 불필요한 직종으로 이분화된다. 전자에 속한 사람은 젊을 때부터 선별되어 전문 능력을 키우도록 훈련받으며, 후자에 속한 사람은 일과 능력 향상의 기회가 없이 일생을 단순노동에 종사하도록 운명이 결정된다.

전자는 기업으로부터 오래 머무르도록 더욱 요청받으며 수입이 높아지고 또한 전직(轉職)하는 데도 유리하다. 한편 후자는 일생동안 저임금을 강요당하며 해고 및 실업의 리스크도 매우 높다.

향후 기업 내에서 일의 능력을 서서히 향상시키며 임금 상승을 기대할 수 있는 고도성장기 유형의 일자리는 서서히 감소하고 양극화가 증가할 것으로 예상된다. 특히 뉴 이코노미의 영향을 가장 먼저 받는 것은 젊은이다. 이것이 수입의 격차확대라는 거시통계의 배경에서 진행되고 있는 사태이다.

이에 덧붙여 근년의 경제 상황은 남녀 노동자의 질적 격차를 축소시키는 방향으로 진행되고 있다는 것을 지적하지 않으면 안 된다. 고도성장기는 많은 남자에게는 종신고용, 연공서열 임금제도가 적용되어 어느 정도 일정한 수입을 얻을 수 있었는데 반해, 여자가 계속 일하기에는 많은 장해가 있으며 기혼여자의 대부분은 능력을 발휘할 기회를 빼앗겨 저임금 파트 타이머로 밀려나고 있다.

1985년에 성립된 남녀고용기회균등법 등의 영향으로 능력이 높은 여자는 전문적 능력을 필요로 하는 직업에로의 진출이 매우 빠른 속도로 진행되고 있다. 그러한 배경 하에 남자라도 일생 저임금 단순노동에 종사하지 않을 수 없는 사람이 증가하고 있다. 이 사태가 다음에 살펴보듯이, 고수입 커플이나 저수입 커플을 만들어 내며, 가족의 다양화에 의한 계층 격차의 확대로 이어지고 있는 것이다.

가족의 이용가능성에 의한 계층격차 확대

현대 일본사회에서 나타나는 양극화의 두 번째 특징은 생활수준 격차가 가족 본래의 모습과 밀접하게 관련되어 있다는 점이다. 즉 자신의 능력이나 노력만이 아니고 가족을 얼마나 '이용'할 수 있을지 여부가 생활수준에 큰 영향을 미친다.

사회학자 세이야마 카즈오盛山和夫나 경제학자 오타케 후미오大竹文雄는 근년 세대 수입에 따라 격차가 확대되고 있는 것은 '부부 맞벌이' 세대가 많아져, '남편 외벌이' 세대와 격차가 뚜렷해진 것일 뿐, 남편 수입 자체의 격차가 커지고 있는 것은 아니라는 자료를 보여주고 있다(「論爭中流崩壞」『家計經濟硏究』 2001號).

도표 3-3 샐러리맨 세대의 가계 상황

부부의 일하는 방법	수입(만엔/년)		자유롭게 사용할 수 있는 돈(만엔/월)		생활만족도(%)	
	세대수입	남편수입	남편	부인	남편	부인
맞벌이 세대	746	451	3.2	2.3	72.4	67.8
부인 파트타임 세대	495	396	2.3	1.6	61.9	70.0
전업주부 세대	488	427	2.1	1.0	67.0	75.7

출처: 내각부, '청년층의 의식실태조사'(2003년)에서 작성

주1. '맞벌이 세대'는 부부 함께 정사원 세대. '부인 파트 세대'는 남편이 정사원이고 부인은 파트 타임 또는 아르바이트를 하고 있는 세대. '전업주부 세대'는 남편이 정사원이고 부인은 전업주부인 세대.

2. '세대수입'은 부모와 동거하지 않는 세대의 세입년수의 평균. 각 계층에 속하는 전원의 수입이 그 계층의 중간치(단, 50만엔 미만은 25만엔, 2천만엔 이상은 2천만엔)로 가정해서 계산. '남편의 수입'은 정사원 남편의 세입 1년 수입을 평균한 액수. 평균액은 각 계층에 속하는 전원의 수입이 그 계층의 중간치(단, 50만엔 미만은 25만엔, 2천만엔 이상은 2천만엔)로 가정해서 계산. '자유롭게 사용할 수 있는 돈'은 취미와 레저 등 자신을 위해 쓰는 돈을 평균한 액수. 평균액은 각 계층에 속하는 전원의 금액이 그 계층의 중간치(다만, 2만엔 미만은 1만엔, 30만엔 이상은 30만엔)로 가정해서 계산.

3. '생활만족도'는 '귀하는 전체적으로 현재의 생활에 어느 정도 만족하고 있습니까? 귀하의 생각에 가까운 것을 답해 주십시오.'라는 질문에 대해, '만족하고 있다' 및 '대체로 만족하고 있다'고 회답한 사람의 비율. 회답자는 전국 학생을 제외한 20~34세의 남녀 498명.

이 지적은 실은 매우 중요한 지적으로, 세대의 생활수준의 풍요로움은 이젠 남편 수입만으로는 정해지지 않고 가족 형태, 특히 부부가 일하는 패턴에 의해 정해지게 됨을 의미한다. 남편의 입장에서 보면, 비록 수입이 같다고 해도 아내의 이용 가능성 즉 아내가 전업주부인가, 파트타임인가, 풀타임인가에 따라 생활수준이 달라지는 시대가 되었다(도표 3-3).

물론 이러한 사태는 기혼 여자가 직업 세계에서 차별받지 않고 자녀를 가져도 일할 수 있는 조건이 갖추어져 있다는 것을 전제로 한다. 일본에서도 앞서 말한 것처럼 1986년의 남녀고용기회 균등법의 정비, 엔젤 플랜(angel plan) 등에 의한 탁아소나 육아휴업의 정비 등을 통해 이 조건이 계속 갖추어지고 있다.

또한 부모와 자식의 경제관계의 변화도 격차의 확대에 기여한다. 고도성장기는 아들은 아버지 이상의 직업에 대한 취직을 전망할 수 있었다. 그러나 1975년경부터 경제성장률이 저하하고 풍요로운 50대, 60대의 부모가 출현하기 시작하자, 자산을 상속하는 효과가 상승한다. 즉 부모 자산의 상속을 기대할 수 있는 자녀와 기대할 수 없는 자녀의 격차가 확대되고, 또한 부모가 살아있는 동안에 유형, 무형의 경제 원조를 받는 자녀와 받을 수 없는 자녀라는 새로운 격차도 생겨난다. 필자가, 부모와 동거하며 여유있는 생활을 즐기는 독신자인 캥거루족을 언급한 것도, 그것이 본인의 능력과는 관계없이 원조를 받는 젊은이와 받을 수 없는 젊은이의 생활수준의 격차가 커지고 있다는 것을 지적하고 싶었기 때문이다.

또 카리야 타케히코 苅谷剛彦 를 비롯한 교육사회학 연구자들은 부모 계층이 자녀의 직업적 성공에 주는 간접효과가 확대되고 있음을 지적하고 있다. 예를 들면 20년 전엔 부모의 계층에 관계없이 많은 중학생, 고교생이 학교 수업 외의 공부를 상당시간 하고 있었지만, 근래엔 부모의 계층에 따라 공부 시간에 큰 차이가 생길뿐만 아니라 공부에 대한 의욕의 격차까지 생겨나고 있다고 한다.

이 문제는 6장(가족)과 7장(교육)에서 상세히 다루기로 한다.

양극화의 가속

중요한 것은 직업에서의 질적 격차 발생과 가족에 의한 격차 확대는 상승효과를 가지며 양극화를 가속시킨다는 점이다.

우선 부부에 관해 살펴보자. 내각부 內閣府 의 젊은이 조사에 의하면, 풀타임 취업을 하고 있는 아내를 둔 남편의 평균 수입은 전업주부나 파트타임 취업 주부를 아내로 둔 경우에 비해 높다는 자료가 나오고 있다.

이것은 고수입 남편과 고수입 아내가 서로를 선택하여 결혼하기 쉽다는 것을 나타내고 있다. 강자 연합의 성립이라 부를 수도 있겠다. 그 반대 극에는 속도위반결혼 등으로 불안정한 저수입자 커플이 형성되고 있다. 예를 들면 의사끼리, 변호사끼리, 교원끼리 결혼한 커플과 프리터끼리 결혼한 커플에게는 개인의 수입 격차 이상으로 세대의 생활수준 격차가 생기며, 장래 생활 전망에 이르러서는 절망적일 정도로 격차가 벌어질 것이 예상된다. 현재의 경우 양극화 영향은 20대, 30대 젊은이에 머무르고 있기 때문에 사회 문제화 되고 있진 않으나, 젊은이가 나이 들어 중년 및 노년이 되는 20년, 30년 후에는 절망적인 격차가 현실로 다가올 수 있을지도 모른다.

또한 부모와 자식 관계를 살펴보자. 부유한 부모는 자녀를 핵심적인 전문 노동자로 자립할 수 있도록 조기부터 교육에 투자 등을 할 수가 있고, 더욱이 장기적으로 자녀를 지지하려는 의식이 높다(도표 3-4). 한편 가난한 부모를 가진 자녀는 결과적으로 수입증가를 기대할 수 없는 단순노동자가 될 비율이 많아질 것이다.

이와 같이 강자(직업 세계에서의)가 강자를 선택하고(부부의 경우), 강자가 강자를 만들어 내는(부모와 자식의 경우) 데 반해, 약자는 약자를 선택하는 것 외에 선택의 여지가 없고 약자는 약자 밖에 만들어 낼 수 없다는 사태가 나타나고 있다. 즉 가족은 격차를 완화하는 것은 아니라 오히려 격차를 확대시키는 방향으로 기능하기 시작한 것이 최근의 특징이다.

그리고 이러한 경향을 억제하기란 어렵다. 왜냐하면 배우자를 선택하거나 자녀를 보다 훌륭하게 양육하는 것은 개인의 자유에 달려 있기 때문이다.

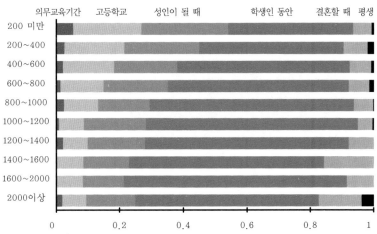

도표 3-4 언제까지 자녀를 경제적으로 보살필 것인가?(세대 수입별 답변, 단위 만엔)

출처: 내각부 「국민생활 선호도 조사」(2001년)
주: '고등학교'는 '고등학교까지(대학에 다니려면 장학금이나 아르바이트를 해야만 한다)'
   '학생인 동안'은 '학생인 동안(대학 졸업 때까지는 보살펴 준다)'이다.
   그 외 무응답의 수치는 표시하지 않았다.

즉 강자가 강자를 선택하거나 강자가 강자를 양육하는 것을 멈출 수 없기
때문이다.

양극화의 사회심리적 영향

이 양극화라는 사태는 사람들의 의식에 다양한 영향을 미치고 있다. 3-1
절에서 언급한 것처럼 격차와 사람들의 의식(의지나 절망감)과의 관계는 미묘
하다. 과도한 평등은 능력 있는 사람의 의지(노력한 보람)를 상실케 한다. 한
편 근대사회에서는 '출생'이라고 하는, 능력과 상관없는 요인에 의한 격차확
대가 또한 능력이 있는 사람의 의지를 상실케 한다. 한편, 너무나 능력에 의
한 격차가 강조되면 능력이 없는 사람이 의지를 상실한다. 즉 넘을 수 없는
계층의 벽을 느끼면 그 벽을 넘으려 노력을 해도 쓸모없다고 느껴 사람들의
의지는 상실되는 것이다.

현재 일어나고 있는 양극화는 업무 능력에 의한 격차 확대라는 점에서 능

력 있는 사람의 의지를 유발해 낼지도 모른다. 그러나 다른 한편으론 능력이 없다고 자각하는 사람의 의지를 잃게 하는 역효과가 있다. 일에 있어서 '질적 격차'의 존재를 인식하면 한 평생 단순노동에서 벗어날 수가 없다고 의식하는 사람이 일에 대해 노력하려고 할까? 그리고 노력을 한다 하더라도 전문적 핵심적 직종에 속하지 못하는 것을 자각한 청소년은 어떻게 생각할까? 카리야苅谷가 청소년에게 '양극화된 동기부여'(incentive divided)라고 언급하는 것 같은 '공부할 생각'의 질적 격차 확대를 염려하는 것도 이러한 것을 반영하고 있다.

또한 자신의 노력에 의하지 않는 격차, 여기서는 가족의 '이용 가능성'에 의한 격차가 확대되어 극복할 수 없다고 인식했을 경우, 어떤 생각을 가질까? 동일한 가사를 하는 전업주부인데, 한편은 고수입의 남편이 있고, 다른 한편은 수입이 감소하는 남편이 있는 경우는 어떨까? 또한 같은 정도 수입이 있는 남자라도 한편은 풀타임으로 일하는 아내가 있어 여유 있는 생활을 할 수 있는데, 다른 한편은 전업주부라 용돈도 줄여야 하는 사례도 있다. 대부분의 남자 수입이 증대하고 있는 상황이라면 납득할 수 있지만, 자신의 노력 이외의 것으로 인해 결정되는 격차가 확대되고 있는 경우 사람들은 납득하지 않고 불만이 쌓일 것이다.

여기에 장래 희망이 없는 사람들이 출현하게 되고 그 인원 또한 증가하게 된다. 말하자면 '희망의 격차'가 확대되는 것이다. 희망을 상실한 사람들은 어떠한 행동을 일으키는 것일까? 8장에서 상세히 살펴본다.

3-4. 리스크화와 양극화의 상호연관

1990년 이후 최근 변화로서 리스크화와 양극화라는 두 가지 방향성을 고찰했다. 이를 정리하면 다음과 같이 도식화할 수 있다(도표 3-6).

그리고 앞 장에서 살펴본 것처럼 리스크화와 양극화는 서로 연관되어 있다. 리스크가 보편화 되었다는 것은 리스크를 '의지를 가지고' 피할 수 없게 되었다는 것을 의미한다. 그러나 보편화된 리스크는 개인의 대응 능력에 따라 그 발생 확률을 낮출 수 있다. 즉 양극화의 승자 그룹은 재력 또는 그 지적 능력으로 리스크를 피할 수가 있다. 한편 패자그룹에 속하는 사람은 리스크를 사전에 회피할 코스트를 지불할 수 없다. 예를 들면 부자라면 보다 안전한 식품을 찾아 산지직송 유기농 식품을 먹을 수가 있으나, 생활이 어려우면 리스크가 수반하는 염가판매품에 의지하게 되는 경우가 그렇다.

앞서 대기업도 도산할 가능성이 있다고 말했지만, 그래도 대기업은 중소기업보다 도산할 확률이 낮다. 입사시에 우량 대기업에 입사할 수 있을지 여부는 업무 능력에 따라 다르다. 즉 양극화를 극복할 수 있는 능력이 있는 사람들은 실업 리스크의 발생을 낮게 하는 선택지를 가지는데, 장래가 불안한 기업에 입사할 수밖에 없었던 업무 능력이 낮은 사람은 실업이라는 커다란 리스크를 짊어지게 된다. 즉 리스크의 보편화는 양극화를 가속시킨다.

도표 3-6 리스크화와 양극화의 정리

〔리스크화〕

안심사회: 리스크가 적고 예측가능하고, 사회적 대처가 가능한 사회
⇓
리스크사회: 리스크를 피하는 것이 불가능하고, 개인적으로 대처하지 않으면 안 되는 사회

〔양극화〕

중류사회: 남자의 수입이 안정적이고 증대하며, 생활수준 격차를 느끼지 않고 살아갈 수 있는 사회
⇓
격차확대사회: 일의 질적 격차 출현, 가족 형태에 의한 격차 확대

또한 리스크의 개인화도 이와 같이 양극화를 가속시키는 측면이 있다. 비록 대기업이 도산해도 업무 능력이 있는 사람은 새로운 취직처를 찾아내는

것이 용이할 것이다. 그러나 그만큼의 업무 능력이 없이 기업에 의지해 살아온 사람은 실업 리스크에 대해 매우 취약하다. 기업실적이 좋을 때면 능력이 있는 사람도 능력이 없는 사람도 그만한 수입을 얻을 수 있었지만, 정리해고나 도산이라는 리스크가 나타나는 바로 그 순간, 능력의 차이에 의한 격차가 표면화된다.

리스크가 보편화되기 전에는 적당히 능력을 가지고 있으면 리스크를 피할 선택지가 준비되어 있어 발생한 리스크로부터 보호해주는 집단이 존재했다. 그러나 지금은 리스크를 피하는 것도 리스크에 대처하는 것도 개인의 능력 나름이다.

리스크화와 양극화는 서로 상승작용을 하면서 '사회적 약자'를 만들어 내고 있다. 그리고 리스크화하며 양극화하고 있는 현대 사회의 약자는 연대라는 방법도 집합적인 반항이라는 방법도 막혀 있다. 리스크화와 양극화가 불가피하다면 이런 사회적 약자에 대한 사회적 대응이 필요하게 되는 건 이와 같은 이유 때문이다.

제4장

전후 안정사회의 구조 ― 안심사회의 형성과 조건

4-1. '확실성'과 '성장'의 양립

고도성장기는 황금시대인가

최근 경제 고도성장기(1955-73년)를 그리워하는 글들이 자주 눈에 띈다. 『문예춘추』 2003년 9월호에서는, 이 고도성장기의 후반기를 '황금시대'라 명명하고 많은 사람들이 '희망에 차있던 시대'라고 회상하고 있다.

황금시대라는 표현은 극단적이라 하더라도, 21세기 초두를 살아가는 중년·노년층의 사람들이 향수를 가지고 말할 수 있는 얼마 안 되는 '밝은' 시대였다.

필자의 전문분야인 가족 부문에도 이 시대의 안정성을 나타내는 데이터가 있다. 예를 들면 전쟁 전이나 전쟁 직후에 높았던 이혼율, 비적출자(非嫡出子)율(결혼하지 않은 여자로부터 출생하는 자녀 비율)은 이 시기에 일본 역사상 보기 드물게 낮은 비율로 나타났다(도표 4-1, 도표 4-2). 이혼율은 1965년경에 (전쟁 당시를 제외하고) 최저 수준이 된다. 비적출자율도 전쟁 전에는 7~10%로 나타나고 전쟁 직후도 5%정도였던 것이 이 시기에는 1%에도 못 미친 숫자로 나타난다. 특수출생률(한 여자가 낳는 평균 자녀수)의 합계도 2~3명 전후를 유지하며, 너무 많지도 너무 적지도 않아 사회적으로나 가정적으로 매우 적절한 인원수였다.

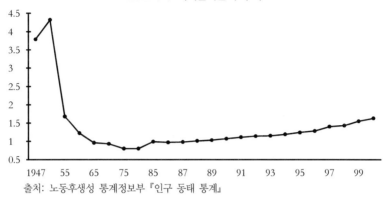

도표 4-1 비적출자율의 추이

출처: 노동후생성 통계정보부 『인구 동태 통계』

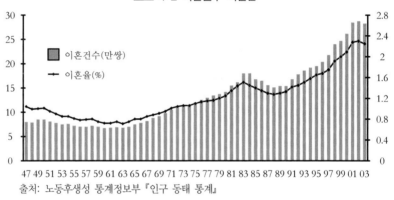

도표 4-2 이혼건수·이혼율

출처: 노동후생성 통계정보부 『인구 동태 통계』

그러나 '황금시대'를 그리워만 하고 있을 순 없다. 어떤 이유로 희망에 넘쳐났었는지, 어떠한 조건이 그 황금시대를 지지하고 있었는지를 고찰하는 것이 필요하다.

고도성장기에서 버블 경제까지

2장, 3장에서도 살펴보았듯이, 경제의 고도성장기에는 다양한 영역에서 선택의 자유가 확대되었음에도 불구하고 생활 리스크에 빠지는 경우는 적었고 장래가 예측 가능한 시대였다. 또한 경제성장에 의해 생활이 윤택하게 되는 한편, 심리적으로 생활 격차는 축소되어 '언젠가는 따라갈 수 있다'고 기대할 수 있는 사회가 있었다.

메이지유신 이전 일본사회에서는 천재지변 등 외부 리스크의 위협을 예측 할 수 있었다고 해도 선택지가 없었으며 정체된 사회였다. 격차는 신분질서에 의해 고정되었다. 메이지 당시 서구 문명을 받아들여 근대사회로 한 걸음 내디딘 이후에도, 일부 엘리트나 지식인은 선택의 자유를 향유할 수 있었지만, 많은 서민에게는 부모의 직업을 잇고(여자라면 부모 정도의 신분을 지닌 남자와 결혼해서), 부모가 결정한 상대와 결혼하는 것이 원칙이었다. 격차와 신분제도는 법적으론 없어졌지만 지주나 소작 등 고정적인 격차는 엄연히 존재하고 있었다.

경제의 고도성장기(1955~73년)는 '자유의 확대와 확실성', '경제성장과 격차축소'라는 본래 모순되어도 이상하지 않은 개념이 양립하고 있던 행복한 시기였다. 그것이 가능했던 것은 경제의 구조전환에 의한 경제성장(대량생산, 대량소비시대)과 경제성장을 생활안정으로 바꾸는 제도구축이 잘 합쳐져 돌아가고, 사람들—특히 지금부터 사회에 참가하는 젊은이들이 안심하고 생활할 수 있으며 희망을 가질 수 있었던 시기라 할 수 있다.

고도성장기에는 ① 직업 영역에서는 '기업의 남자고용의 안정과 수입증가', ② 가족 영역에서는 '샐러리맨-주부형 가족의 안정과 생활수준의 향상', ③ 교육 영역에서는 '학교교육의 직업 배분기능의 성공과 학력상승'이 사람들에게 희망을 제공하고 있었던 것이다. 순서대로 고찰한다.

4-2. 기업사회의 발전

대량생산·대량소비의 시대

일본에서는 전쟁 이전 공업은 어느 정도 형성되어 있었지만, 본격적으로 공업, 서비스업이 발전한 것은 전후부터다. 대량생산으로 불리듯이, 생활에

필요한 것을 공장에서 대량으로 만들어 대량으로 판매하는 것을 기축으로
한 사회가 등장했다. 물건을 대량으로 만들어 대량으로 판매하는 것은 기존
가족 경영의 자영업에서는 불가능하다. 기업 특히 대기업은 발전하면서 규
모의 효과를 살리기 위해 대량으로 사람을 고용하며 이익 확대를 도모한다.
이를 일하는 사람들 입장에서 보면, 많은 사람이 기업에 고용되어 급료를
받아 생활하는 것이 일반화된 사회라 할 수가 있다.

고용안정과 수입증대

고도성장기의 기업사회 특징은 남자의 고용이 안정되고 수입이 증대했다는
점에 있다. 그것은 '연공서열, 종신고용, 기업노조, 사내복지' 등으로 불리며
일본식 고용관행의 특징이라 말한다(예를 들면 木本喜美子『家族、ジェンダー、企
業社會』). 그러나 이것을 일본식이라고 말하는 것은 의문이 든다. 태평양전쟁
이전 일본에서는 이러한 관행은 일반적이지 않았다. 반대로 서구에서도 전후
부터 1970년대에 이르기까지는 남자노동자의 종신고용적인 관행이 존재하고
있었다. 물건을 대량 생산해서 대량 판매하는 산업형태에서는 일에 익숙한 노
동자를 대량으로 고용하는 것이 기업에 필요했기 때문이다.

이 고도성장기에는 일본 역사상 전무후무한 저실업률을 기록했다. 이 시
기는 노무라 마사미 野村正實가 완전고용이라고 말하고 있듯이, 남자 실업률
은 1% 정도가 된다(도표 4-3). 남자로서 성실하게 일하려는 의지만 있으면
반드시 일자리는 얼마든지 있었다.

기업내 훈련—OJT(on the job training)

대량생산 시대에는 주로 기업 안에서 일을 하면서 서서히 일을 배운다는
유형의 기업내 훈련을 통해 종업원의 일 처리능력을 높여 생산성을 끌어올
리는 시스템이 기능했다. 이 구조에 의해 종업원은 기업 안에서 서서히 불가
결한 인재로 간주되게 된다. 그리고 그 능력은 다른 회사에서는 통용되기
어렵다. 그래서 기업 입장에서도 종업원 입장에서도 종신고용은 '이익'이 되

는 거래였다.

또한 업무 능력이 서서히 몸에 배어 기업 활동에 대한 공헌이 높아지기 때문에 결과적으로 연공서열의 급여를 받을 수 있게 된다. 또한 기업 입장에서도 종업원에 대한 복리후생을 극진하게 함으로써 기업에서 능력이 향상된 인재의 유출을 막으려고 한다.

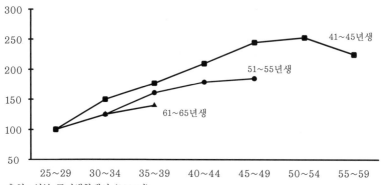

도표 4-3 전후의 실업률 (단위:%)

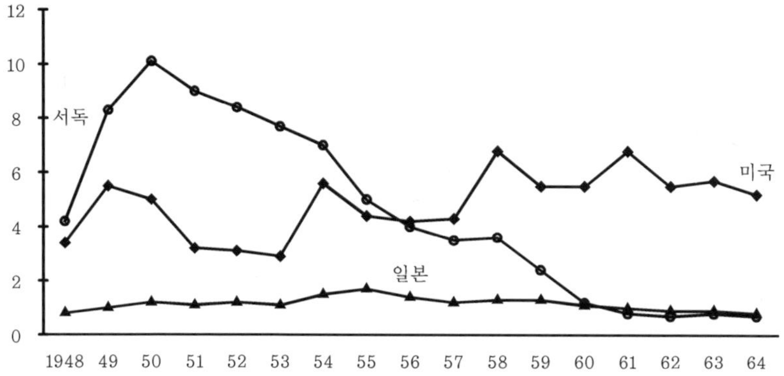

출처: 노무라 마사미 『고용불안』

도표 4-4 나이가 들수록 상승이 완만하게 되는 남자 임금

출처: 일본 국민생활백서 (2001년)

주 1. 25~29살 때 연수입을 100으로 계산, 출생 년대별로 본 각 연령계급의 실질 연간 수입.
  2. 실질 연간 수입은 남자 보통 일반 노동자의 산업 합계, 기업규모 합계, 학력 합계의 당연히 지급하는 현금급여액의 12배로, 전년도의 연간 보너스를 포함하고, 소비자물가지수종합(2000년 기준)으로 실질화해서 구했다.

또한 같은 기업에서 장시간 일하면 업무 능력이 늘어나게 되기 때문에 그 결과 장시간 회사에 얽매이는 '회사인간'이 완성된다. 게다가 이 회사인간은 기업뿐만이 아니라 종업원 가족에게도 충분한 보상이 되었다. 왜냐하면 생활에 풍요로움을 주는 급여가 상승했기 때문이다(도표 4-4).

거의 모든 남자 종업원이 승진 가능했다

전후 고도성장기의 최대 특징은 '많은 남자 종업원이 기업 내에서 승진하고 더 높은 수입을 얻을 수 있는 지위에 도달할 수 있었다'는 점이다. 이것은 전쟁 이전이나 1990년 이후에는 생각할 수 없는 상황이었다.

예를 들면 중학교나 공업고등학교를 졸업하고 기업에 입사한 젊은이는 기계 사용법을 배우면서 서서히 일에 익숙해지고, 숙련공에서 현장 책임자, 더 나아가 기술자나 공장장이 되는 것도 꿈은 아니었다. 이공계대학을 졸업하면 기사로부터 시작해서 공장장을 거쳐 임원이 되는 경우도 많았다.

상업고등학교를 나와 기업에 입사하면 사무나 영업에서 시작해서 경리나 영업을 익히고 장사하는 방법을 기억하며 중간 관리자가 되어 지점장까지 승진하는 일도 드물지 않았다. 인문대학을 나오면 최저 상장기업에는 입사할 수 있으며 중간 관리직이 될 수 있었다. 그 위에 임원에의 길도 열려 있었다.

일에 질적 격차가 존재하지 않는다

물론 이 시대에도 학력이나 능력에 의한 격차는 있었다. 그것은 소속하는 기업 규모의 차이, 출발점의 차이, 승진 속도의 차이, 그리고 도달점의 차이였다.

학력이 높으면 보다 기업 규모가 크고 유명한 기업에 입사할 수 있었다. 학력이 높으면 '승진 계단'의 출발점이 높은 곳에서 시작할 수가 있었다. 업무 능력이 높으면 승진 계단을 빨리 뛰어 오를 수가 있었다. 그리고 실적을 올리면 관리직, 임원 등, 높은 지위에 이를 수가 있었다.

다만 어느 학교를 나오든지, 중졸이거나 대학원 졸업이거나, 일로 높은 능력을 나타내거나 일을 배우는 속도가 늦거나, 만년계장이거나 사장까지 도달하거나 간에 '기업 내에서 승진해서 급료가 높아진다'는 점에선 질적인 차이가 없었다. 어쨌든 자신이 처한 입장에서 열심히 일하여 그 사람 나름대로의 실적을 올리면 지위가 올라가고 수입이 증대하는 것을 기대할 수 있었던 것이다.

이것은 가족생활을 안정시키는 조건과 연결된다.

성인 남자 이외는 주변노동자

아무리 대량생산 시대로서 기업 내에서 업무 능력을 배양하는 것이 중심이 되었다고는 해도, 업무 능력 향상과 관계없는 단순노동은 남게 된다. 단순한 부품 조립이나 차 끓이기, 복사하기 등이다. 이 승진 루트에서 벗어난 노동력은, 일본에서는 미혼이나 기혼 여자, 지방 농가에서 온 객지벌이, 그리고 학생 아르바이트에 의해 담당되었다. 이 부분은 해외에서는 외국인 노동자(유럽의 경우)나 이민 노동자(미국의 경우)가 담당하고 있었다. 어찌 되었건 승진이 없고 임금이 낮은 주변 노동력은 성인남자 이외의 사람들, 즉 가족생활을 지지할 책임이 없는 입장의 사람들에 의해 담당되었기 때문에 그 불안정성이 문제되지 않았던 것이다(野村 『雇用不安』).

리스크가 적은 선택지

이와 같이 남자는 기업에서 성실하게 일하면 업무 능력이 자기 것이 되어, 안정되고 또한 수입을 증대시킬 수 있는 메커니즘이 형성되었다.

그것은 제품의 대량생산, 소비라는 산업구조 변화에 의해 초래된 것이지만, 그와 동시에 전후 일본의 정책적인 요인도 컸다.

그 정책이란 지금은 악명 높은 정부의 다양한 경제적 규제나 관료에 의한 행정지도 등이다. 그러나 이로 인해 대기업, 중소기업, 자영업의 공존공영이 도모되었다. 또한 계열, 하청 등 기업 그룹이 형성되었다. 많은 기업은 과당경쟁에 노출되지 않고, 남자라면 어디에 취직해도 도산의 리스크가 적었다. 비록 소기업, 자영업이라 하더라도 업계 단체(농협, 사업조합) 등에 속해 단체 상부의 지시에 따르거나 계열에 들어가 대기업의 하청을 받기만 하면, 그것이 위험 분산이 되어 일을 하는 데 부족할 것은 없었다.

고도성장기에는 기업의 입장에서도 이러한 리스크의 분산 방법이나 '리스크가 적은' 선택지가 있었던 것이다. 경제의 글로벌화가 진행되고 있는 오늘날에는 2장에서 말한 '리스크의 보편화' 즉 '높은 리스크를 받아들이게 되는' 사태가 먼저 기업 사회를 덮치게 된다. 그리고 그것이 사람들의 생활에 파급되어 나간다(다음 장 참조).

4-3. 샐러리맨-주부형 가족의 탄생과 안정

샐러리맨-주부형 가족

고도성장기에 남자들은, 피고용자는 기업에서, 자영업자는 자택에서 장시간 일에 종사했다. 가족생활을 영위하기 위해서는 가사·육아를 주로 담당하는 사람이 필요하게 되는데, 이것이 전업주부가 탄생하는 계기다. 비록 아내가 밖에서 일하거나 가업을 돕는다고 하더라도 가사에 지장이 없는 일밖에 할 수 없다.

여기서 "남편은 일, 아내는 가사·육아를 주로 담당하며 풍요로운 생활을 목표로 하는" 가족 모델이 탄생한다. 이것을 '샐러리맨-주부형 가족'이라 부르기로 한다.

경제의 고도성장기는 이러한 가족 형태가 매우 안정되어 있었다. 그 이유는 첫째, 앞 절에서 살펴본 것처럼, 남자의 고용이 안정되어 수입 증대를 전망할 수 있었기 때문이며, 가족생활의 경제기반이 안정되고 또 성장하고 있었기 때문이다. 즉 남편 한 사람의 수입에 의해 가족생활이 서서히 풍요로워지는 조건이 갖추어져 있었기 때문이다.

둘째, 이 시기의 가족관계가 안정되어 있었던 것을 들 수 있다.

전쟁 이전까지 일본 사회의 가족관계는 꽤 불안정한 것이었다. 이혼율이나 배우자의 사망률도 높았기 때문에 부부 관계가 길게 지속된다고 할 수 없었다. 또한 자녀의 사망률이 높았고, 남의 집 고용살이로 가는 경우도 많았으며, 자녀가 성장하기 전에 부모가 죽는 일도 허다했다(落合惠美子 『近代家族の曲がり角』 등 참조).

하지만 전후에는 가족 관계의 안정과 함께 '생활 공동체'로서의 가족도 안정된다. 경제 고도성장기에 대다수의 젊은이가 25세 전후에 결혼하여 자녀를 2~3명 낳아 기르고 이혼도 적으며 사망률이 낮아졌기 때문에, 자녀가 성인이 될 때까지 부부가 함께 경제적으로 여유로운 생활을 즐길 수 있는 조건이 갖추어졌던 것이다.

리스크 없는 가족생활

이것은 결혼해서 남편은 직장 일로 아내는 가사로 자녀를 낳아 기르는 생활이 경제적·가족적 '리스크'가 거의 없었다는 것을 의미한다.

남자 입장에서 보면 취직하거나 또는 자영업을 이어받아 성실하게 일하고 있으면 가사나 육아를 해 주는 '신부'가 와 주었다. 여자 입장에서 보면 성실하게 일하는 남자와 결혼하여 주부가 되기만 하면, 한 평생 생활이 보장되고 여유롭게 살 수 있다는 기대를 가질 수 있었다.

특히 젊은이에게는 우선 결혼하지 않는 리스크가 작았다. 고도 성장기에는 결혼율이 높아져 1930년생 사람들은 결과적으로 95%이상이 결혼했다. 그것은 경제적으로 말하면, 당시 여자에 대한 직업차별 때문에 여자에게는 결혼하지 않는 것이 생활의 곤란을 초래할 리스크를 내포하고 있다는 것을 반영하고 있다. 또한 결혼 전의 생활수준이 낮았기 때문에 첫째 성실하게 일하는 남자와 결혼하면 그 후 생활수준의 상승을 기대할 수 있었다.

심리적인 조건을 말하면 이는 연애결혼이 보급되기 시작하던 시기에 해당된다. 그러나 교제 범위가 좁았기 때문에 만난 사람이라면 누구라도 멋져 보였다. 그리고 '맞선'이라는 수단이 있어서 남녀 교제가 서투른 사람이라

하더라도 적당한 이성과 결혼 생활을 시작할 수가 있었다(이 점에 관해서는, 졸저『結婚の社会学』, 『パラサイト・シングルの時代』 참조).

부부관계도 안정되어 있었다. 전통적인 일본 사회에서 이혼은 종교적 죄는 아니었다. 에도 시대부터 메이지明治 시대 초기의 이혼율은 현재 미국과 같이 높은 수준이었다. 그러다가 고도 성장기에 들어 이혼율이 저하되었다. 고도 성장기에 부부생활을 시작한 1930년생들의 이혼 경험율은 10%정도에 지나지 않는다. 우선 경제적으로 여자는 이혼 후에 생활할 수 있는 조건이 없었다. 그러나 그보다 남편의 수입이 상승하기 때문에 생활이 서서히 풍요로워진다고 하는 조건이 더 컸다고 생각된다. 즉 생활 만족도의 상승이 부부관계를 좋은 방향으로 이끌었다고 하는 것이 사실일 것이다. 또한 이혼도 결혼 초기에 많아 재혼의 희망을 가질 수 있었고, 결혼해서 몇 년이 지나면 이혼 걱정을 할 필요가 없어졌던 것이다.

사회 보장 제도의 정비

만일의 경우 일어날 리스크에 대비해서 개인 보험, 사회보장 제도가 있었다. 그것도 "남편이 샐러리맨으로서 일하고, 아내가 전업주부인 것"을 전제로 하여 구축된 제도였다.

이 유형의 가족은 현재 일하고 있는 남편이 죽으면 생활이 곤란하게 된다. 그 때문에 개인적으로 남편에게 생명보험을 걸어 리스크를 회피했던 것이다. 실제로 일본에서 생명보험의 성장은 고도성장기 전반에 크고, 1968년에는 세대 가입율이 88.4%에 이르기까지 상승한다. 또한 건강보험, 연금제도 등 사회 보장 제도 또한 이 유형의 가족을 전제로 정비되었다. 부부가 함께 생활하는 것을 전제로, 남편이 먼저 죽은 후의 리스크를 보장하는 사회보험으로서 유족후생연금제도가 정비되었다.

세제나 급여제도 등도 또한 '샐러리맨-주부형 가족'을 경제적으로 안정시키기 위해, 세금 제도로는 배우자(부양) 공제가 실시되고, 연금제도로는 남편의 사망 리스크에 대처하기 위해 유족연금제도가 만들어지기도 했다. 또

부양수당 등 기업(관공청을 포함)으로부터의 각종 수당이 일의 실적과는 관계없이 지급되었다.

사회 복지

'샐러리맨-주부(파트 포함)' 유형의 가족에 들지 못한 사람은 '불쌍하다'는 판단이 내려져 사회복지의 대상이 되거나, '제멋대로 한다'고 간주되어 방치되기도 했다. 예를 들면 보육원은 남편의 수입이 적거나 남편의 사망으로 인해 일하지 않으면 안 되는 불쌍한 여자의 자녀를 '보호'하기 위한 '복지시설'이었고, 이혼하거나 사별한 여자를 위한 모자원 등을 만드는데 세금이 투입되기도 했다.

한편 독신생활자와 비교적 고수입 맞벌이 부부에 대해서는 세제나 연금제도상 불이익을 당하는 경우가 있었으며, 제멋대로 생활하는 것으로 간주되어 제도적으로 방치되기도 했다.

성장 기대가 불만을 억제

그리고 가족생활의 격차에 관해 말해 두지 않으면 안 된다. 우선 고도 성장기에는 남자노동자의 임금 격차가 줄어들었다(橘木『일본의 경제 격차』등). 그러나 그 이상으로 거의 모든 남자의 수입이 상승하고 있었다는 점이 '심리적' 불만을 억제하고 있었던 것이다.

생활의 풍요에 대한 상징으로서 '가전제품', '주택' 등을 들 수 있다. 고도 성장기에는 남자의 수입이 증가하고 있었으므로 가전제품이건, 주택이건, 언젠가 시간이 흐르면 손에 넣을 수가 있다는 기대가 가능했다.

또 남자의 수입에 격차는 있었지만, 남편의 수입이 낮은 경우, 아내가 파트 등을 통해 가계를 보충한다고 하는 수단이 취해졌다. 이것을 '더글라스-아리사와 법칙(Duglas-有澤の法則)'이라 한다. 그러면 부부 합산한 수입격차(생활격차와 연동)는 남편만의 수입격차보다 작아졌던 것이다.

이 시기는 획일적인 가족생활이 강요받던 시기이기도 하지만, 그 획일성에 대한 불만은 풍요로운 가족생활의 달성이라는 만족감 앞에 모두 망각되어 버렸던 것이다.

4-4. 파이프라인 학교교육제도의 성공

완만한 직업 배분 제도

또 경제의 고도성장기는 가족과 직업을 연결하는 것으로서 '학교교육 제도'가 잘 기능했던 시기이기도 했다.

전쟁 이후 산업구조가 바뀌고 자영업 사회로부터 샐러리맨 중심 사회로 이행함으로써 자식은 부모의 직업을 이을 필요가 없어졌다. 거기서 직업선택의 자유가 생김과 동시에 원하는 직업을 가지지 못하는 리스크, 즉 처음부터 직업을 못 가지는 리스크가 발생한다.

'학교 제도'는 그러한 리스크를 경감하기 위한 제도로 발생한 것이다. 모든 사람이 원하는 직업에 취업할 수 있는 것은 아니다. 따라서 어느 수준의 학교를 나오면 어느 수준의 직업에 종사할 수 있을까를 간파하기 위한 '기준'으로서 학교제도는 존재하고 있다.

일본에서는 아무리 의사가 되고 싶어도 의대에 입학하지 않으면 의사가 될 수 없다. 변호사나 재판관이 되기 위한 시험은 개방되어 있다 하더라도, 일류대학의 법대에 들어갈 수 있을 정도의 실력이 없으면 좀처럼 되기 힘들다. 특정한 직업에 종사하기 위해서는 특수학교에 입학하는 것이 가장 가까운 길임에는 틀림이 없다. 그래서 인기 있는 직업에 취업하려면 수험경쟁을 이겨내고 특수학교에 입학해야 한다.

수험경쟁의 효용

수험 경쟁에 의한 선별, 그리고 선별에 의해 직업이 달라지는 것을 '나쁜 것처럼' 말하는 경우가 많다. 특히 교육계(옛 문부성 교원조합, 교육학자)나 언론계에서는 수험 경쟁을 모든 악의 근원으로서 눈엣가시로 여겨 왔다. 무슨 소년 사건이 일어날 때마다 수험(제도)가 나쁘다며 떠들어대는 풍조도 있었다. 지금도 와다 히데키 和田秀樹 의 수험경쟁 긍정론이 유행처럼 다루어지고 있다(和田秀樹『學力崩壊』). 객관적으로 바라보면 수험 경쟁은 청소년이 직업을 선택하는 데 리스크 없이 배분하기 위한 매우 뛰어난 제도다. 뛰어난 제도이기 때문에 악평과 거듭되는 교육 개악(改惡)에도 불구하고 현재에도 유지되고 있다.

어떤 직업에 종사하고 싶다면 그 직업에 종사하기 위한 학교에 들어갈 필요가 있다. 이것은 어떤 직업에 종사하고 싶어도 그 직업에 취직을 가능하게 하는 학교에 '합격'할 수 없으면 포기해야만 하는 것을 의미한다. 학교 시스템의 효용은 실은 여기에 있다. 청소년은 학교 시스템, 그리고 수험 안에서 과대한 희망을 '포기'하게 함으로써, 결과적으로 자신의 능력에 알맞은 직업에 종사하도록 배분된다.

교육의 파이프라인 시스템

하버드대학 연구원 다니엘 얀민과 장 마이민은 전후 일본에 보급된 교육 시스템을 파이프라인 시스템이라 명명했다. 획일적인 의무교육 다음엔 수험에 의해 각종 고등학교로 배분된다. 고등학교 수준에 따라 대체로 취직이든 전문학교든 대학 진학이 정해지고, 대학 수험에 따라 각종 대학에 배분되어 대학 학부와 수준에 따라 취직처가 결정된다. 가지가 갈려지면서 취업이라는 최종 목적지를 향해 순조롭게 흘러가는 모습을 파이프라인이라 명명했던 것이다(도표 4-5).

안심과 희망과 합리적 '포기'의 시스템

이 파이프라인 시스템의 최대 장점은 자신이 속해 있는 파이프, 즉 학교 레벨에 의해 취업 가능한 직업을 알 수 있다는 점에 있다. 공업고등학교에 간 남자라면 기업의 블루칼라 노동자가 되는 것이 예정되고, 상업고등학교

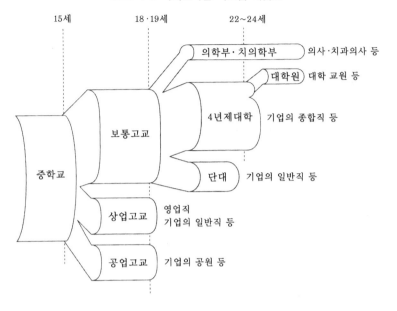

도표 4-5 파이프라인 시스템 개념도

15세   18·19세   22~24세

의학부·치의학부   의사·치과의사 등

대학원   대학 교원 등

4년제대학   기업의 종합직 등

보통고교

단대   기업의 일반직 등

중학교

상업고교   영업직 기업의 일반직 등

공업고교   기업의 공원 등

에 간 여자라면 판매원이, 여자 단기대학 졸업생은 상사나 은행의 일반직이 될 수 있었다. 중견 대학의 경제학부에 가면 상장기업의 화이트칼라, 일류 대학의 법학부에 가면 관료나 변호사도 노릴 수 있다고 하는 형태로, 직업의 자유 선택에서 오는 '취직을 할 수 없는 리스크'를 최소한으로 억제하는 기능을 하고 있었다. 즉 안심을 가져오는 시스템이었던 것이다.

그리고 학교는 개방적인 시험에 의해 선발됨으로써 사람들에게 희망을 가져오는 것으로 간주되었다. 8장에서 상세히 말하지만 '노력이 보답 받는 다고 느끼는 것'이 희망이라는 감정을 낳는다. 자신의 능력 범위에서 어느 정도 노력을 하고 어느 정도의 성적을 거두면 어떤 레벨의 학교에 들어갈 수 있으며 어느 정도의 직업에 종사한다고 하는 전망을 가질 수 있는 것이 다. "노력에 대해 보답 받을 수 있다"는 의미에서 청소년에게 희망을 주었던 것이다.

물론 수험에 실패하고 희망하는 학교에 갈 수 없는 사람이 나오는 것은 피할 수 없다. 그래서 '불쌍하다'고 의견을 말하는 사람도 있지만, 그것은 무책임한 말이다. 모든 사람이 희망하는 대로 취직을 할 수 있는 것은 아니다. 희망하는 직종에 취직할 수 없는 사람, 결국은 희망하는 학교에 갈 수 없는 사람이 발생하는 것은 당연한 귀결이다. 문제는 그것을 포기하게 하는 방법에 있다.

전후 일본 교육시스템의 특징은 완만한 선발에 있다. 중학에서 대학까지, 수험을 사이에 끼움으로써 체념이 서서히 초래되는 것이다. 유럽 여러 국가에서 전형적으로 볼 수 있듯이, 12살 전후로 진학 코스, 취직 코스가 명확하게 구분이 나뉘는 것이 아니고, 또한 미국과 같이 대학졸업 후에도 일자리를 둘러싼 경쟁이 계속되는 것도 아니었다. 대략 10년에 걸쳐 완만하게 자신의 희망과 현실을 조정하고 자신의 능력에 알맞은(것으로 여겨지는) 일자리에 파이프라인을 통해 '흘려 들어가는' 것이다. 지금에 와서 생각하면 희망과 체념의 균형이 잡힌, 사회심리적으로 매우 뛰어난 시스템이었다.

여자에 있어서의 학교 교육시스템

이 절 마지막에서 여자에 있어 고도성장기의 교육시스템의 의미를 고찰하고자 한다. '샐러리맨-주부형 가족' 하에서는, 여자의 생활수준은 결혼한 남자의 수입에 의존했다. 그러므로 여자의 인생에서 학교 교육은 무의미하게 비칠지도 모른다. 그러나 당시 결혼 상황을 살펴보면 그와 같은 견해를 바꾸지 않을 수 없다.

우선 고도 성장기에는 중매결혼이 전체 결혼의 절반 정도를 차지하고 있었다. 남자와의 학력 균형을 생각하면 어느 정도의 학력이 요구되었다(이 원리는 오늘에도 변함없다. 도표 4-6). 즉 자녀 교육을 위해 남자의 학력에 걸맞은 '영리함'이 요구되었다. 또한 당시 연애결혼의 대다수 계기는 '직장에서 알게 되는' 것이었다. 결혼 후 퇴사한다 해도, 좋은 회사에 취직하면 수입이 많고 안정된 직업의 남자와 결혼할 수 있는 확률이 높아지는 것이다. 또 '학교에서 알게 되는' 사례도 많아진다. 어쨌든 남자만큼 뚜렷한 것은 아니더라도 보다 좋은 학교에 진학하는 것은 보다 좋은 장래의 생활로 연결되었던 것이다.

도표 4-6 부부의 학력 조합 (동류혼 지수)

아내의 학력	남편의 학력				
	중학교	고등학교	전문학교	단기대학/고등전문대학	대학/대학원
중학교	5.50	0.71	0.49	0.45	0.06
고등학교	0.90	1.38	0.82	0.84	0.57
전문학교	0.70	0.89	2.99	1.26	0.91
단기대학/고등전문대학	0.23	0.63	1.01	1.76	1.68
대학/대학원	0.02	0.20	0.45	0.42	2.58

출처: 국립사회보장/인구문제연구소 '제11회출생동향기본조사'(1997년)에 의거하여 작성.
주: 1. 동류혼 지수란, 속성의 결합이 무작위로 행해졌다고 가정한 경우 기대건수에 대한 실제 결합건수의 비율을 의미함. 양자가 일치하면 1, 기대 이하이면 1미만, 기대 이상이면 1이상이 된다.
　　2. 대상은 1997년 조사 시점에 결혼한 초혼의 부부 7,354쌍.

학력의 세대간 상승과 불만의 억제

더욱이 고도 성장기 교육시스템의 심리적 안정을 지지했던 것은 '학력의 세대간 상승'이었다. 당시는 경제만이 아니라 학교교육 세계에서도 고도 성장기였다. 남자의 고교 진학율은 1950년 당시의 48.0%에서 1975년에는 90%를 넘게 되고, 대학 진학율에 이르러서는 13.3%(54년)에서 41.0%(75년)가 되었다(도표 4-7). 산업구조의 전환에 의해 고학력자의 수요가 증대하고, 가족의 측면에서도 자녀 교육에 돈을 투자하는 여유가 생겼기 때문이다.

이것을 세대간에 살펴보면 많은 젊은이는 부모의 학력을 넘을 수가 있게 되었다. 부모 이상의 학교에 가게 되었다(부모의 입장에서 보면 자신 이상의 학력을 자녀에게 제공해 줄 수가 있었다)고 느낌으로서 교육에 관한 불만이 억제되었던 것이다.

도표 4-7 고교·대학 등의 진학률 추이 (%)

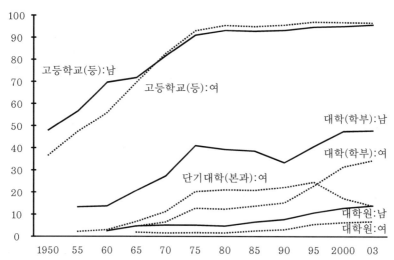

출처: 문부과학성 「학교기본조사」, 『남녀공동참여백서 2004년판』에서 작성.
주: '고등학교(등)'은 중학교 졸업자 및 중등교육학교 전기과정 수료자 가운데, 고등학교의 본과,
별과, 고등전문학교에 진학한 자의 비율(단, 고등학교의 통신제 과정에 진학한 자는 제외).
'대학(학부)', '단기대학(본과)'는 대학 학부 또는 단기대학 본과 입학자 수(재수생을 포함)를
3년 전의 중학교 졸업자 및 중등교육학교 전기과정 수료자로 나눈 비율(단, 대학 또는 단기대
학의 통신제에 입학한 자는 제외).
'대학원'은 대학학부 졸업자 가운데, 바로 대학원에 진학한 자의 비율(의학부, 치과학부는 박
사과정 진학자). 단, 대학원의 통신제에 진학한 자는 제외함.

4-5. 고도성장기 사회의 정리

직업·가족·교육의 안정시스템

앞서 검토한 것처럼 고도성장기의 생활에는 ① 직업 영역에서 '기업의 남
자고용의 안정과 수입증가' ② 가족 영역에서 '샐러리맨-전업주부형 가족의
안정과 생활수준 향상' ③ 교육 영역에서 '학교교육의 직업배분기능의 성공
과 학력상승'이라고 하는 요소가 있었다. 이 요소들에 의해 생활의 안정과
향상이 보증되었던 것이다.

중간집단의 안정

2장에서 본 것처럼 고도성장기는 리스크라는 점에 관해서는 장래 생활이 예측 가능하고 커다란 생활리스크를 느끼지 않아도 되었던 시기이다. 그것은 가족과 기업이라는 두 형태의 중간집단이 사람들을 생활리스크로부터 보호하고 있었던 시기이기 때문이다.

우선 가장 친밀한 중간집단으로서 가족이 안정되어 있었다. 가족관계가 안정되어 있었기 때문에 안심하고 생활을 영위할 수 있었다. 특히 여자는 결혼해서 가족에 속하기만 하면 일생동안 생활이 보장된다고 생각하면 틀림없었다.

그리고 가족을 지지하는 중간집단으로서 기업이나 업계 단체가 안정되어 있었던 것을 들 수 있다. 가족생활은 남편이 샐러리맨이면 급여, 자영업이면 이익에 의해 성립되었다. 아무리 가족관계가 안정되어 있어도 수입을 얻지 못하면 생활리스크에 노출된다. 이 점에 비해, 기업은 종업원에게 종신고용이나 상승하는 임금을 보증하고 농가 등 자영업은 농협 등 업계 단체에 의해 보호되었다. 더욱 그 선두에는 기업이나 업계 단체를 지도 감독하는 정부가 존재하고 있던 것은 말할 필요도 없다. (소카각카이 創價學會, 릿세이코세이카이 立正佼成會 등 이른바 종교교단 및 일본 공산당 조직은 전후 대기업의 노동조합, 업계 단체로부터 배제된 사람들과 그 가족을 흡수하는 형태로 발달해왔다. 단체 내에서는 상호부조하며 소속 구성원들을 리스크로부터 보호하는 기능을 수행했다. 현재 기업이나 노조 업계 단체라는 공동 이익에 근거하는 집단이, 사람들을 리스크로부터 보호하는 기능을 서서히 포기하고 있는 가운데, 소카각카이 등 종교 교단은 같은 신앙에 근거한다고 하는 성격상, 리스크로부터 사람들을 보호하는 조직으로서 건재하고 있는 것은 일종의 패러독스일지도 모른다.)

즉 사람들은 중간집단에 속하기만 하면, 남자는 기업에 근무하거나 자영업자이면 업계단체에 들어가기만 하면, 그리고 여자는 그러한 남자와 결혼하기만 하면 안심하고 일상생활을 영위할 수가 있었다. 그리고 경제의 고도성장기에는 남자에겐 기업에 입사하는 것이 용이했고 남녀 모두 맞선 등이 있었기 때문에 결혼이 용이했다. 즉 원하기만 하면 기업에 취직하는 것이든 결혼이든 가능했던 것이다.

그 중에는 굳이 결혼하지 않는다, 굳이 사업을 한다, 굳이 업계에 속하지 않는다, 굳이 전직을 시도한다고 하는 등 위험한 길을 선택하는 사람도 있었다. 그러나 많은 사람들은 리스크를 택하지 않고 안심하고 살 수 있는 길을 선호하고 또한 실제로 그와 같이 실현되었던 것이다.

성장에 의한 격차 완화

경제 고도성장기에는 직업, 가족, 교육 영역은 낮은 리스크로 '안정'되어 있었을 뿐 아니라 '성장'하고 있었다. 일에 종사하고 있으면 수입은 성장하고 가족을 형성하면 그 생활은 풍요롭게 되어 자녀 학력은 상승했다. 즉 특별한 일을 하지 않아도 리스크를 감수하지 않아도 생활이 풍요로웠던 것이다. 이 것이 '격차'에서 오는 심리적 불만을 완화시키는 효과를 가지고 있었다.

직업에서 능력의 차이에 의한 격차, 가족생활에서의 격차, 교육달성도의 격차는 서로 연동하고 있다. 교육의 격차가 직업의 격차가 되고 직업의 격차가 가족생활의 격차가 된다.

그러나 어떤 격차도 '양적인 격차'이며 성장하면 '따라잡을 수 있다는 희망'을 가져오는 것이었기 때문에 그다지 불만이 없었다. 즉 격차는 출발점의 차이, 도달점의 차이, 시간의 차이, 속도의 차이이지 '질적인 차이'라고는 생각하지 않았다. 고졸 학력으로 직장에 들어가도 사장이 되는 것은 불가능해도 지점장 정도는 될 수 있다는 희망을 가질 수 있었다.

이는 질적인 차이가 아니라 수입의 차이에 지나지 않는다. 왜냐하면 사장이 되는 사람도 지점장 클래스를 경험하는 것이 보통이기 때문이다. 가족생활도 수입이 적으면, 컬러TV를 소유하는 시기가 늦어지거나 취득하는 주택 평수가 좁아질지도 모르지만, 가전제품으로 둘러싸인 마이홈이라는 의미에서, 그와 같은 동일한 '가족생활'을 가까운 미래에 영위할 수가 있다고 기대할 수가 있었다.

그 결과 일본 사회는 많은 사람이 '중류의식'을 갖게 되었다(도표 4-8). 그러나 이는 생활 격차가 없어지는 것을 의미하지 않는다. 다시 언급하지만, 사람들이 자신을 중류로 서열을 매기는 것은 격차가 '양적'인 것이라고 생각하고 있으며, 성장을 통해 따라갈 수 있다는 희망을 가질 수 있었기에 가능했다.

도표 4-8 생활 정도 (%)

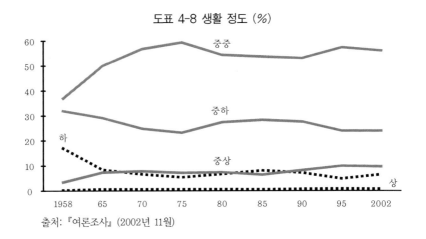

출처: 『여론조사』 (2002년 11월)

고도성장기의 임종

경제의 고도 성장기에서 생활안정의 비밀은 단지 거시적 경제성장률이 높다는 데 요구되는 것은 아니다. "모두 함께 풍요로운 생활을 축적할 수 있다"고 하는 점이 중요하다. 비록 평균치로 본 경제성장률이 높다하더라도, 빈부의 차이가 확대되고 있다고 느껴지면 사람들의 불만감은 높아지게 된다.

모두 함께 풍요로울 수 있었던 것은 20세기 후반 중심 산업이 대량생산 대량소비를 기치로 하는 '제품 생산, 제품 소비'사회였다는 점에 기인한다. 그러한 대량생산 대량소비사회의 확립이 일본에서는 경제의 고도성장기이며, 성숙되는 것이 안정 성장기, 그리고 그 종말을 맞는 것이 버블 경제라 해도 좋을 것이다. 그것은 일본 전후 사회의 안정 제도의 확립기, 성숙기,

해체기에 대응하고 있다(도표 4-9).

도표 4-9 전후 일본의 시대구분

고도성장기	1955~1973	안정된 제도의 확립기
← 1974 오일쇼크		
안정성장기	1974~1990	안정된 제도의 성숙기
← 1985~1990 버블경제		
포스트버블기	1990~현재	안정된 제도의 해체기

비록 경기가 좋아 보여도 성장률이 다소 높아도, 생활리스크가 높아지고 '질적' 격차의 확대가 시작되는 것이 버블경제기인 것이다. 선진 여러 나라에서는 1990년 전후부터 경제·사회의 커다란 변동이 시작되었다. 그것은 글로벌화에 의한 국제적인 경쟁의 격화를 초래하고 중간집단을 안정시키는 비용을 증대시키며, 그 결과 리스크의 보편화, 리스크의 개인화를 초래했던 것이다.

일본에서는 1990년대에 접어들어 고도 성장기의 안정사회를 지탱해온 시스템이 해체되기 시작된다. 그 해체의 양상을 다음 장에서 직업, 가족, 교육 등 세 분야로 나눠 고찰하기로 한다.

제5장
직업의 불안정화―뉴 이코노미가 초래하는 것

5-1. 불안정해지는 직업생활

두 가지 커다란 오해

최근 프리터라 불리며 일정한 직업을 갖지 않고 아르바이트를 전전하는 젊은이가 증가하고 있다는 사실이 화제가 되고 있다. 대학 졸업자의 취업난이 심각해지고 거기에 청년 실업자도 증가하고 있다. 거시적인 통계숫자를 보더라도 현재 프리터 젊은이는 적게 추측해도 200만명, 실업자나 비정규 파견사원을 더하면 400만명을 넘는다. 실업률도 5% 전후로 특히 청년 실업률이 높아지고 있고 있는 추세다. 취업 상황은 악화되고 특히 고교 졸업생에 대한 구인비율은 0.5배(2003년도)까지 떨어졌다.

최근 이런 젊은이의 직업 불안정화 현상에 관해서 종종 보도되고 있다. 필자를 포함해서 이미 많은 논자가 다양한 관점에서 분석하고 있다. 그러나 그 원인, 결과, 대책에 관해서, 두 가지 커다란 오해가 있는 것 같다.

하나는 이런 고용 불안정화가 생긴 것은 일본 경제 불황이 원인이며, 경기가 회복하면 자연히 문제는 해결될 것이라는 오해이다.

또 다른 하나는 젊은이는 기업에 얽매이는 것을 싫어하며 자신이 하고 싶은 일을 하기 위해 '원해서' 불안정고용을 선택하고 있으며, 정식 직업을 갖게 하자고 하는 생각은 불필요한 참견이라는 오해이다.

이 두 가지 오해는 현재 직업세계에 일어나고 있는 변화가 '구조적' 변동이라는 것을 간과하고 있다. 젊은이의 직업 불안정화, 그리고 "자신이 하고 싶은 것을 한다"고 하는 젊은이의 의식 변화는 미국을 비롯해 많은 선진국에서 나타나는 공통 현상이다. 호황인 나라든 불황에 빠져 있는 나라든, 젊은이의 직업선택의 상황은 매우 어렵다. 일본에서 직업이 불안정해지는 것은 일시적인 불황 탓이 아니라, 산업시스템의 구조적 변동에서 그 이유를 찾지 않으면 안 된다. 이 점에 관해서는 2절에서 논하기로 한다.

또 앞서 2장 '리스크화'에서도 말했지만, 선택의 자유가 있다하더라도 원하는 선택지가 실현된다고는 할 수 없다. 젊은이들은 불안정한 일자리를 '선택하지 않을 수 없는' 상황에 내몰리고 있다. 젊은이의 의식 변화는, 이러한 상황에 적응한 결과 생긴 것이며, 그 반대가 아니란 점을 강조하고 싶다. 젊은이의 심리적 안정, 그리고 자기 정당화를 위해서는 "좋아서 하고 있다"는 변명이 필요하다. 이것도 일본뿐만이 아니라 다른 선진국에서도 쉽게 얻을 수 없는 '자신다움'을 요구하는 젊은이의 의식으로서 지적되고 있는 현상이다. 이 점은 3절에서 논한다.

인간에게 직업(일)이 가지는 의미

구체적인 분석에 앞서, 인간에게 직업(일)이 가지는 의미를 생각해 보자. 근대사회에서 일은 인간에게 두 가지 의미를 가지고 있다. 하나는 경제적인 의미로서의 일이다. 일하지 않으면 수입을 얻을 수 없고 생활을 꾸려나갈 수 없게 된다는 의미에서의 일이며, 이것은 인류 역사상 공통된 이해일 것이다. 거기에 덧붙여, 근대사회가 되면서 일에 대한 또 다른 의미가 부각된다. 그것은 일이 '아이덴티티(존재 증명)'의 하나가 되고 있다는 점이다.

전근대 신분제 사회에서는 일, 특히 육체노동은 천한 것으로 여겨져 귀족 등 일을 하지 않고 생활할 수 있는 사람이 존경을 받았다(막스 베버 『프로테스탄티즘의 윤리와 자본주의의 정신』, 한나 아렌트 『인간의 조건』, 울리히 벡 『개인화』 등 참조).

그러나 근대사회에서 일은 "사회 속에서 좋은 역할을 하고 있다" "자신이 사회 속에서 필요한 존재가 되고 있다"고 하는 '아이덴티티(사회 속에 자신이 존재함으로서 좋은 이유, 삶의 보람)'의 감각을 부여하는 것으로서의 역할이 주어졌다. 종교가 쇠퇴한 근대사회에서는 "자신이 사회 속에 필요하지 않다"고 생각하는 것만큼 괴로운 상황은 없다. 일을 함으로써 무엇인가 사회에 도움이 되고 있는(지금부터 도움이 되는, 도움이 되고 있던) 일이, 하나의 '삶의 보람'이라는 감각을 제공하는 것이다.

경제의 고도 성장기에는 일의 두 가지 역할이 잘 기능하고 있었다. 대부분의 남성은 수입이 증가하는 일정한 직업을 가지고 있었다. 그 때문에 가족의 생활을 지지하는 한편 향상시킬 수가 있었고 또 기업에서 경력을 쌓는 시스템이기 때문에 자신이 기업에 꼭 필요한 존재라고 실감할 수가 있었다. 즉 기업-정사원 시스템은 사원에게 급료뿐 만이 아니라, 아이덴티티도 공급하고 있었던 것이다. 그러므로 기업-정사원 이라는 시스템의 붕괴는 남성의 아이덴티티 공급을 정지시키게 된다(많은 여성은 가사노동을 담당함으로써 남편이나 자녀에게 꼭 필요한 존재라는 실감을 얻고 있다).

따라서 현재 일본 사회에서 생기고 있는 실업이나 프리터의 증가는 단지 경제적 생활 문제만이 아니라, 실직한 사람이나 일정한 직업을 가질 수 없는 사람들의 아이덴티티를 위협하는 요인이 되고 있는 것이다.

기업이나 사회로부터 '있으나 마나한 존재'라고 선고된 사람들은 어떻게 생각할 것인가? 스스로 프리터 경험도 있는 프리랜서 이나이즈미稻泉 씨는 취재 중에, "자신은 누구인가?"라고 생각하는 것은 프리터에게만 한정되지 않고 계약사원 등 핵심에서 빗나간 사람들에게도 확산되고 있다고 한다(이나이즈미 렌稻泉連『僕らが働く理由、働かない理由、働けない理由』). 즉 사회로부터 버림받고 있다는 감각에 빠지는 것이다. 그 중에서 반사회적 행동을 하는 사람이 나와도 그리 이상하지 않으며, 현재 그런 징조를 볼 수 있다.

직업의 불안정화는 사람들의 아이덴티티 문제를 개입시키며 사회질서 불안정화 문제에까지 연결되는 것이다. 우선 현상을 살펴보기로 한다.

5-2. 산업구조의 전환 ― 양극화하는 고용

뉴 이코노미의 도래

그러면 이와 같이 프리터가 증가하는 이유는 무엇일까? 프리터라는 말 자체는 없지만, 장기적으로 안정된 고용 감소, 취업난, 실업 증가라는 젊은이의 직업 불안정화 현상은 선진국 공통의 문제가 되고 있다. 불황이라는 일시적인 원인으로부터 오는 문제가 아니라, 방치해두면 자연스럽게 해결되는 문제도 아니다.

여러 선진국의 경제학자 사회학자들은 1990년경을 경계로 산업구조가 크게 전환하고 있다는 것을 주장하고 있다. 그것은 가끔 글로벌화로 불리기도 하고 때로는 IT화로 불리기도 한다.

1970년대에 다니엘 벨Daniel Bell이 '포스트(탈) 산업화 사회의 도래'라고 부른 것이 현실성을 띄고 사회를 변화시키고 있는 것이 21세기를 맞이한 선진국의 상황일 것이다. 그 내막에 관해서는 로버트 라이시의 '뉴 이코노미', 피터 드러커Peter Drucker의 '넥스트 소사이어티' 등의 이론에 진술되어 있으므로 자세히 논하진 않으나, 라이시의 『The Future of Success』를 참고하면서 필자 나름대로 정리해 본다.

요구되는 능력의 변화

경제의 고도성장기는 앞서 말한 것처럼 '물건 만들기'를 중심으로 한 '대량생산, 대량소비'의 시대였다. 한편 일본에서는 중소기업이나 영세농업에 대해 국가의 보호가 추가되었다. 거기에서는 모두가 같은 것을 갖고 싶어하며 같은 쾌적한 생활을 만들고 싶어하고 있었다. 그 때문에 많은 기업에서는 생산을 효율적으로 진행하기 위해, 노동자를 자사의 생산시스템에 맞도록 교육하고 장기간 고용하는 것이 합리적이었다. 그래서 장기안정, 또한 임금상승을 기대할 수 있는 일자리에 많은 남성이 취업할 수가 있었다. 이것을 노동자의 편에서 보면 정년까지 일자리가 보장되어 임금이나 지위가 상승하는 '종신고용, 연공서열'제가 된다. 이러한 고용 관행은 일본만의 것이 아니라 전후 선진국에 공통으로 광범위하게 나타나는 시스템이란 것은 앞서 살펴본 바와 같다.

그러나 한편으로 현대사회는 글로벌화나 IT화가 진행되면서 물건보다 서비스가 우세해지는 시대이다. 그리고 무엇보다도 생활하는데 곤란하지 않을 정도의 풍요로운 사회가 실현되고 있다. 그곳에서는 풍요로워진 소비자가 요구하는 다양한 상품을 보다 싸게 제공해야 한다는 압력이 커져가는 사회이다.

이제 거의 모든 물건을 소유하게 된 현대사회의 소비자는 단순한 '물건'으론 만족하지 못한다. 그래서 "타인과의 차이를 소비"(Jean Baudrillard)하거나, 미적 감각(쿨함)을 요구하게 된다. 마츠바라 류이치로松原隆一郎가 말하듯이, 소비나 평가를 과시하기 위한 소비의 시대가 도래한 것이다(『消費資本主義のゆくえ』). 따라서 기업은 물건이든 서비스든 개개인에게 맞는 것을 만들어 내야할 필요를 느낀다. 지금까지 하던 대로 같은 물건을 대량으로 만들어도 좀처럼 팔리지 않는 것이다.

그래서 라이시는 향후 기업에 요구되는 능력으로서 '괴짜'와 '정신분석가'라는 두 가지 자질을 들었다. 전자는 마니아처럼 사물의 가능성을 추구하는 능력, 후자는 사람들이 무엇을 바라고 있을까를 정확하게 파악하는 능력이다. 이 두 가지 능력의 어느 쪽인가를 적당히 자기 것으로 만드는 사람이 아니면 '전문적인 핵심노동자'로서 뉴 이코노미 시대의 기업사회 속에서 살아남을 수 없다.

한편 다양한 상품을 가능한 한 싸게 제공하려는 경쟁이 더욱 더 격화된다. 글로벌화와 IT화로 인해, 고품질이지만 염가의 물건이나 부품, 상품이 전 세계 상품을 비교한 다음, 용이하게 선택 조달 구입할 수 있게 된다. 그러면 물건을 만드는 데 들이는 노동력의 코스트를 내리는 압력이 커지게 된다.

여기에 노동력의 양극화 현상이 나타나기 시작한다.

양극화하는 고용

1990년경부터 현저하게 나타나고 있는 새로운 산업 형태는 고용을 양극화시키고 있다.

기업은 뉴 이코노미 안에서 살아남기 위해 창조적인 능력, 전문적 지식을 가진 노동자를 필요로 한다. 그와 동시에 매뉴얼대로 일하는 단순노동자도 필요하다. 몇 가지 예를 들어보자.

소비자본주의에서는 변덕스러운 소비자가 무엇을 원하는지 파악할 필요가 있기 때문에 기업은 시장조사를 마켓 리서치회사에 위탁하는 일이 많아졌다. 몇 년 전 어느 신설 리서치회사에 갔을 때, 회수된 앙케트 숫자를 일사불란하게 PC에 입력하는 젊은 여성 그룹이 있었다. 그녀들은 시급 1000엔 정도의 파견사원이었다. 조사설계를 하거나 분석하거나 하는 전문 능력을 필요로 하는 애널리스트 정사원은 몇 명 없었고 대부분 저임금 비정규직 사원인 단순노동자가 일하고 있었던 것이다.

종종 IT화에 의한 억만장자 등이 화제가 된다. 그런 회사에서 효율적이며 사용하기 쉽고 매력적인 인터넷 시스템을 만들기 위해서는 우수한 능력을 가진 사원이 필요하다. 그와 동시에 큰 소리로 손님을 부르면서 무료 장난감을 역에서 나눠주는 단순노동자도 필요하다.

1990년대에 급속히 실적을 늘린 '패스트푸드'나 '편의점' 등 새로운 유통 산업을 살펴보자. 거기에 종사하고 있는 사람 대다수는 매뉴얼대로 일하는 아르바이터다. 요즈음은 점장조차도 정사원이 아닌 사례가 증가하고 있다. 아르바이터 배후에는 아르바이트 매뉴얼을 만들거나 출점(出店) 계획을 세우거나 상품을 개발 조달하는 '핵심 정사원'이 존재한다. 그 인원수는 아르바이트 인원수에 비하면 불과 몇 분의 일 밖에 안 된다. 이는 '디즈니랜드' 등과 같은 오락 산업에서도 동일하다.

문화산업 또한 마찬가지다. 사회가 풍요로워지면 문화적인 소비도 증가된다. 동시에 글로벌화나 교통수단의 발달, IT화에 의한 정보의 고속 전달로 인해, 전 세계로부터 일류 문화, 음악, 패션, 영상 등이 들어오게 된다.

거기서 실력이 있거나 인기가 있는 사람(확실한 탤런트)은 광범위한 사람들의 문화적 욕구를 채움으로서 매우 높은 소득을 얻을 수 있다. 한편 어중간한 실력의 소유자는 유명인의 보조역할이나 허드렛일로 살아남을 수밖에 없다.

사회가 풍요로워지면 소비자가 요구하는 제품이 다양해진다. 소비자의 새로운 욕구에 부응하기 위해 다양한 직업이 태어난다. 그 대부분이 '외래어'로 이름이 붙어 있으므로, '외래어 직업'이라고도 한다. 네일 아티스트, 플라워 어레인저, 인테리어 코디네이터, 와인 담당 웨이터, 쇼콜라티에(초콜릿 직공) 등 서비스업으로 분류되는 직업이 그렇다. 여기에서도 양극화가 일어나고 있다. 예를 들면, 카리스마가 넘치는 미용사나 텔레비전에 나올 정도 유명한 와인 담당 웨이터는, 보수가 좋은 일의 의뢰가 많아 고수입을 얻을 수 있다. 한편 그 뒤에는 방대한 수의 허드렛일 미용사나, 자격은 있지만 일이 없는 와인 담당 웨이터가 대기하고 있는 것이다.

기업의 고용 행동의 변화

이와 같이 양극화 현상을 보고 기업은 고용 행동을 바꾸지 않을 수 없다. 기업에 필요한 전문적·창조적 노동자, 즉 핵심 노동자를 자사에서 훈련하여 장기간 고용하려고 한다. 게다가 다른 기업에 빼앗기지 않기 위해 급여를 올리지 않을 수 없다. 그 대신, 매뉴얼대로 일하면 되는 단순노동자나 서포트 노동자는 코스트를 내리기 위해 파견사원, 아르바이터로 바꾸려고 한다.

기업은 그렇게 하지 않으면 글로벌화, 즉 경쟁적 환경에서 살아남을 수 없다. 과거와 같이 모든 노동자를 정사원으로 종신 고용하거나 모두 같은 연공서열형의 급여를 지불하려고 하면, 우선 우수한 전문적·창조적 노동자는 급여 대우에 불만을 가지게 되고, 타사에 스카우트되거나, 독립하거나 해서, 자사에서 떠날 염려가 있다. 한편 단순노동자를 정사원으로 거느리면, 노동 코스트가 견딜 수 없을 정도로 높아져 경영이 곤란에 빠질 것이다.

업무의 질이 양극화되면 그 일을 담당하는 노동자의 '신분'은 '질적'으로 양극화하지 않을 수 없다.

그것은 기업의 채용 관행에서도 나타나고 있다. 필자는 2001년부터 2003년까지, 대학 취업위원으로 기업 인사담당자에게 청문할 기회가 있었다. '취업 빙하기'라고 불리긴 해도, 실적이 성장하고 있는 기업은 계속해서 신규 졸업자 정사원을 채용한다. 그러나 그 인원수라는 것이 10년 전(버블기)에 비해 많게는 2분의 1, 그 중에는 10분의1 정도까지 축소하는 기업도 있었다. 인사 담당자는 우수한 젊은이를 꼭 채용해서 자사의 핵심 사원으로서 육성하고 싶다고 입을 모아 말한다. 그런 한편 "공장은 자회사(子會社)가 되었기 때문에 본사에서 고졸 공원을 고용하지는 않는다", "단기대학이나 고교 졸업 일반직은 이젠 채용하지 않는다"는 등, 매뉴얼대로 일하는 노동자는 정사원으로 고용하지 않는다고 단언하는 회사가 많았다. 더욱 최근에는 정사원 중에서도 엘리트 사원과 일반 사원을 입사 때부터 구별하는 기업(산요전기三洋電機 등)도 나타나고 있다. 전통적인 대기업도 비정규직 사원을 늘리고 있다(도표 5-1).

도표 5-1 기업의 정사원 비율 변화

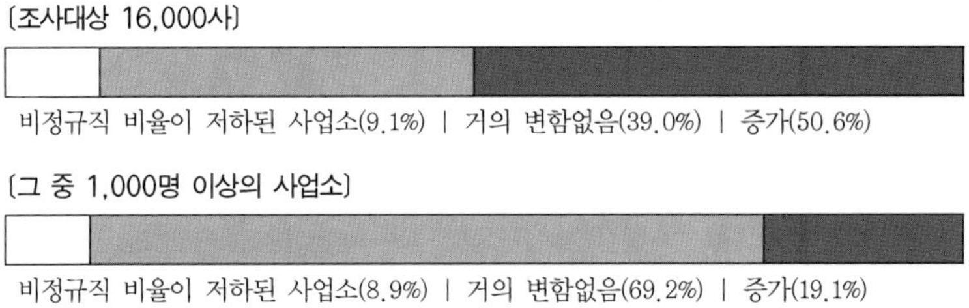

〔조사대상 16,000사〕

비정규직 비율이 저하된 사업소(9.1%) ┃ 거의 변함없음(39.0%) ┃ 증가(50.6%)

〔그 중 1,000명 이상의 사업소〕

비정규직 비율이 저하된 사업소(8.9%) ┃ 거의 변함없음(69.2%) ┃ 증가(19.1%)

출처: 후생노동성 "2003년 취업형태의 다양화에 관한 종합실태조사"

업무간 '분열' 출현

　그리고 이러한 사태를 노동자 측면에서 보면 사태가 더욱 심각하다. 핵심 노동자와 단순 일회용 노동자 사이에 커다란 균열이 출현하고 있는 것이다.

　올드 이코노미 시대, 즉 일본의 경우 고도성장기의 대량생산·대량소비 시대에는 노동자는 단순노동으로부터 시작해서 서서히 업무능력을 키워 관리직이나 전문직으로 승진해갔다. 그러나 뉴 이코노미 시대는 그렇지 않다.

앞의 예에서 말하면, 데이터를 일사불란하게 입력하고 있는 파견노동자인 키펀처는 그 일을 계속하고 있어도 시스템 엔지니어나 조사 분석자는 될 수 없다. 매장에서 감자칩을 판매하는 아르바이터는 출점 계획을 세우거나 신 메뉴를 연구하는 핵심 사원은 될 수 없다. 정사원이 된다 하더라도 고작해야 점장에서 승진이 멈춘다. 콘서트장의 허드렛일을 하고 있는 밴드맨이 갑자기 인기를 얻는 일은 없다(물론 예외가 존재하지만 확률은 매우 낮다).

왜냐하면 사회의 전문 분화가 진행되어 기술 혁신의 스피드가 빠른 시대에는 핵심적·전문적 노동자는 전문적 능력을 몸에 익혀 그것을 유지하기 위해서는 조기부터 장기간 훈련을 쌓을 필요가 있다. 한 번 체득된 전문능력의 격차는 노력을 통해서는 좀처럼 메워지지 않기 때문이다. 예를 들면 현재 통역의 세계에서는 '귀국(歸國) 자녀'의 활약이 눈에 띈다. 즉 일본에서 태어나 자라서 성인이 되어 통역을 목표로 해도 발음 등에서 귀국 자녀들을 당할 수 없다. 귀국 자녀가 거의 없던 시대는 차치하고, 이제 와서는 상당한 노력을 하지 않으면 중도에 참여하기란 어렵다.

또한 창조적 재능은 훈련만으로는 좀처럼 자기 것이 되지 않는다. 대기만성인 경우도 있지만, 문화적인 재능에 관해서는 유년기부터 천재적인 재능을 발휘하는 사람이 있는데 그들을 노력을 통해 따라잡는 것은 무리다. 천부의 재능과 노력과 운 모두를 갖춰야 인기를 얻는 세계인 것이다.

그러므로 단순 일회용 노동자는 아무리 노력해도 '점장'이나 '현장 관리자'까지이며, 또 그 정도라면 대신할 사람이 얼마든지 있다.

라이시에 의하면 앞으로 핵심·전문적인 노동자는 모든 노동자의 10%에서 20% 정도가 될 거라고 예측한다. 이를 일본에 적용시키면 4년제 대학 진학률이 40%정도니까 기업 등에 핵심적 노동자로서 맞아들일 수 있는 층은 대졸의 절반 이하다. 의학부나 이과계 학부를 제외한 졸업자에겐 그 비율은 더욱 적어진다(Robert B. Reich 『The Future of Success』, 『The Work of Nations』).

예능, 스포츠, 만화가, 그리고 '외국어로 표기되는 직업'에서 '인기인'으로서 희망하는 대로 먹고살 수 있는 비율은 각 업계 상위 10, 20% 일 것이다. 나머지의 반 정도는 인기인을 지원하는 보조자로서 생활할 수 있을 정도의 수입은 얻을 수 있을 것이다. 나머지 30% 정도는 거기서 얻을 수 있는 수입만으로는 보통수준의 생활을 못하고, 다른 아르바이트를 통해 수입을 벌어야 하는 상태에 빠진다.

'과거형' 일자리

꾸준히 노력하며 일을 배워 승진해 나가는 직종이 단번에 소실된다는 것은 아니다. 또 모두 없어지는 것도 아니다. 그러나 공장에서 서서히 기능을 닦는 것 같은 직종은 오늘날 중국이나 타이, 베트남 등으로 점점 이전하고 있다. 인간의 능력에 민족·국적의 차이가 그다지 없다고 한다면, 단순노동자를 숙련노동자로 만들려면 제3세계의 젊은이를 훈련시키는 편이 코스트가 적게 들고, 그들이야말로 그러한 일을 할 의지가 있다.

한편 국내에 잔존하는 종래 유형의 일자리도 있다. 우선 공무원(일반 사무직)을 들 수 있다. 공무원은 경쟁이 없고 효율이 그다지 요구되지 않으며 전문적 능력은 거의 필요하지 않고, 외국인을 고용할 수 없다고 하는 조건이 있으므로, 단순한 사무로부터 출발하여 관리직으로 승진하는 루트가 남는다. 다만 공무원은 전 피고용자의 겨우 10% 정도이며, 일본에서는 공무원 채용 억제 정책으로 인해 감소하는 경향에 있다. 그리고 공무원 세계에도 풀 타임의 촉탁(嘱託) 직원이 증가하고 있다. 특히 도서관 사서나 학예원, 카운슬러 등의 신규 채용은 대부분이 불안정한 비정규직원이다. 머지않아 교원도 비슷한 상황이 되어 비상근 교원이 증가할 것이다.

매스컴과 교육의 세계에는 일본어라는 장벽이 있기 때문에 국제경쟁을 피하고 있다. 그러나 현재는 큰 매스컴기업의 정사원이나 인기 작가와, 보증이 거의 없는 자유기고가나 작은 기업의 계약 작가로 양분되어가고 있다.

마지막으로 지금 성장하고 있는 분야는 라이시와 혹실드가 말하는 '케어노동'이나 '감정노동'이라 하는 부류의, 일대일의 개별적인 대응개성이 요구

되는 서비스업이다. 구체적으로는 간호, 보모, 미용, 마사지 등의 노동자이다. 이 분야는 서비스를 받는 측도 제공하는 측도 거의 일대일에 가깝고 규모에 의한 효율화에 익숙하지 않기 때문에, 일정 비율은 사회에서 반드시 필요로 하는 노동자이다(Reich 『The Future of Success』 참조). 다만 일정한 기능을 습득한 후에는 연공에 의한 수입증대라고 하는 길도 거의 닫혀있다. 그리고 이런 종류의 일자리에는 성차(性差)가 있으며, 서비스를 제공하는 측으로서 여성이 바람직하다고 하는 특징이 있다(상세한 것은 江原, 山田 『ジェンダーの社會學』 「ケアとジェンダー」 참조).

양극화하는 청년노동자

이것을 정리해 보면 종래의 안정되어 있으며 수입이 증가하는 정사원, 정규 공무원은 서서히 감소하고, 반면 높은 급료를 바랄 수 있는 핵심적·전문적 노동자와 매뉴얼대로 일하는 저임금의 지위가 불안정한 단순 노동자가 증가한다. 그 중간에 안정된 수입은 전망할 수 있지만, 수입의 증가를 기대할 수 없는 서비스노동자가 살아남게 된다.

그 비율과 이행 속도에 관해서는 논의가 있지만 이러한 경향은 틀림없이 진행되고 있다. 덧붙여서 말하면, 1995년부터 2001년에 걸쳐 정사원수가 125만 명 줄어들고 비정규노동자수가 175만 명 증가하고 있다(도표 5-2). 이러한 경향이 향후에도 계속된다고 하면, 비정규노동자수가 정사원(공무원도 포함한다)을 앞지를 날도 가깝다.

일본에서는 뉴 이코노미에 있어 노동구성의 변화의 영향은 젊은이가 가장 먼저에 받고 있다. 외국계 기업에서 활약하는 젊은이, 기업 안에서 창조적인 재능을 발휘하여 높은 급료를 받는 젊은이가 나타나는 한편, 실업자, 프리터, 대학 졸업 후의 미취업자, 게다가 '잠재적 실업자'라 할 수 있는 유급생, 대학원생 등이 증가하고 있다.

이 상황은 노동시간의 양극화로 나타난다(도표 5-3). 핵심적·전문적 노동자의 노동시간은 필연적으로 길어진다.

도표 5-2 증가하는 비정규직 / 줄어드는 정규직 (만명)

남녀, 연령층, 기업규모		고용자	정사원	파트 / 아르바이트
전체		+ 50	▼ 125	+ 175
남녀별	남성	+ 7	▼ 64	+ 70
	여성	+ 43	▼ 61	+ 104
연령층별	15~24세	▼ 141	▼ 207	+ 66
	25~34세	+ 191	+ 83	+ 109
기업규모별	500인 미만	+ 129	+ 3	+ 126
	500인 이상	▼ 71	▼ 108	+ 37
	공무원	▼ 20	▼ 27	+ 8
	무응답	+ 12	+ 8	+ 4

출처: 총무청『노동력조사 특별조사』에 의해 작성.
주: 1. 고용형태상의 남녀별·연령층별·기업규모별 고용자의 증감수.
　　2. '정사원'이란 일상 고용의 정규 직원 및 종업원. '파트 / 아르바이트'란 고용자에서 정
　　　사원을 제외한 사람. 대상은 15~34세의 사람.

도표 5-3 단시간 노동자의 파트 / 아르바이트화와 정사원 노동의 장시간화 (만명)

남녀, 연령층, 기업규모	고용자	정사원	파트 / 아르바이트
전체	+ 41	▼ 129	+ 170
30시간 미만	(+ 78)	▼ 1	(+ 80)
30~40시간	▼ 12	▼ 40	(+ 28)
40~50시간	▼ 82	▼ 127	(+ 45)
50~60시간	0	▼ 9	+ 9
60시간 이상	(+ 56)	(+ 49)	+ 7

출처: 총무청『노동력조사 특별조사』에 의해 작성.
주: 1. 1995년부터 2001년까지의 주당 취업시간별 고용자수의 변화.
　　2. '정사원'이란 일상 고용의 정규의 직원 및 종업원. '파트 및 아르바이트'란 고용자에서
　　　정사원을 제외한 사람. 대상은 15~34세의 사람.

　　왜냐하면 기업은 그들을 열심히 교육시켜 활용하려고 하기 때문이다. 한
편 일본 사회에서는 한번 사용하고 버리는 '일회용 노동자'의 노동시간은 길
지 않다. 이것은 일본에서는 많은 미혼의 프리터는 부모와 동거하고 있으며
생활비를 벌기 위해 장시간 아르바이트를 할 필요가 없기 때문이다. 내각부

조사에서 보듯이, 장시간 일하는 정사원의 젊은이가 증대하는 한편, 단시간 밖에 일하지 않는 프리터의 젊은이도 증가하고 있다. 덧붙여서 라이시나 혹실드 등에 의하면, 미국의 저임금노동자는 일상생활을 영위하기 위해서 오랫동안 일하지 않을 수 없기 때문에 모든 직종에서 노동시간이 길어지고 있다고 한다(Reich 앞의 책, Hochschild 『Time Bind』).

세대간의 문제로서의 양극화

고용의 양극화는 세대간의 문제로 파악할 수가 있다. 현재는 아직도 종신고용이나 연공서열을 재검토하고 있긴 하나, 40대 이상의 노동자 상당수는 '올드 이코노미'의 세계에 살고 있다. 한편 30대까지의 젊은이들은 양극화의 영향을 직접 받고 있다. 뉴 이코노미의 진전으로 인한 세대간 차이가 다양한 문제를 일으켜, 일본에서는 이른바 '프리터'의 출현과 증가로 나타나고 있다.

프리터 현상을 고찰함으로써, 고용 변화가 일본 젊은이의 생활이나 의식에 어떤 영향을 미치고 있는지 살펴보기로 한다.

5-3. '꿈꾸는' 일회용 노동자

프리터 200만 명

프리터란 1987년에 리크루트연구소가 만든 조어다. 프리(자유, 영어)와 아르바이터(노동자, 독일어)를 결합시킨 '일본제 외래어'다. 당시는 버블 경제의 절정기라 많은 대학생이 구직처가 많아 일류기업에 취업하는 과정에서 군이 정사원이 되지 않는 소수의 젊은이를 가리켰다. 그때까진 정사원이 되지 않는 남성은 '프타로(ブー太郎)', 여성은 실제 집안일을 하고 있지 않아도 '가사도우미(家事手傳い)'라고 불렸는데, 전자는 비난받고 후자는 차나 요리 등 신부수업에 힘쓰는 숙녀로 취급되었다.

당시 프리터라는 말은 이러한 프타로나 가사도우미와는 달리 '정사원이 될 실력이 있음에도 불구하고 안 하는' 점이 강조되었다. 그러나 버블 경제가 붕괴된 지금은 '일정한 직업에 종사하지 않는 젊은이 전반'을 가리키는 말로 정착되었다.

문제는 그 인원수인데 정의에 따라 바뀐다. 2000년의 노동백서에서는 15-34세로, ①현재의 일이 아르바이트 또는 파트이고, 남성은 취업 연수가 1년 이상 5년 미만(학교졸업 미취업, 실업 미취업 중에 잠시 일하는 경우를 제외하기 때문), 여성은 미혼이며 일을 위주(주부인 경우를 제외하기 때문), ②무직인 경우는, 통학도 가사도 하고 있지 않고(학생이나 '가사도우미'를 제외하기 때문), 아르바이트·파트를 취업 희망처로 하고 있는(정사원을 지망하는 실업자를 제외하기 때문) 사람으로 했다.

이러한 계산으로 1997년 시점의 프리터 수는 167만 명으로 산출되었다. 일본노동연구기구의 프리터 연구회는 다소 수정하여 일년 미만의 아르바이트 남성을 포함하는 등 다시 산출해서, 1997년 시점에서는 173만 명, 2001년 시점에서는, 200만 명을 넘었다고 추계하고 있다(도표 5-4).

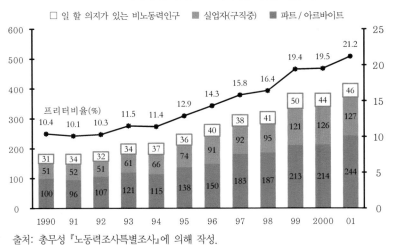

도표 5-4 해마다 증가하는 프리터 (수: 만명, 비율: %)

출처: 총무성 『노동력조사특별조사』에 의해 작성.
주: '프리터비율'은 학생, 주부를 제외한 15~34세 젊은이 인구에서 차지하는 프리터의 비율.

불안정한 젊은이 500만 명

다만 프리터만이 불안정한 노동자는 아니다. 비록 정사원을 희망하는 실업자라해도 안정된 고용을 현재 얻지 못하고 있다는 점에선 프리터만큼 상황의 변함은 없다. 왜냐하면 프리터도 정사원을 희망하면서 아르바이트 밖에 찾을 수 없는 사례가 많기 때문이다. 또한 '등록형 비정규 파견사원'도 언제 일이 없어져도 이상할 것이 없다고 하는 의미에선 불안정한 젊은이 임에 틀림이 없다.

그래서 내각부 규정에서는 "학생과 주부를 제외한 15-34세의 젊은이로서, '파트'이거나 '아르바이트'이거나 '무직이지만 일할 의지가 있는' 사람"이라는 정의를 이용해서 2002년 시점에서 총계 417만 명으로 산출하고 있다.

더욱이 잠재 실업자라고도 할 수 있는, 취업 준비를 위한 유급생(留年生), 취업할 수 없어 진학한 대학원생, 일부 전문학교 학생이 더해진다. 더욱 결혼한 주부는 파트로 가계를 보조한다고 생각되고 있지만, 남편이 정사원이 아닌 아르바이트로 생활을 사실상 지탱하고 있는 여성의 사례도 증가하고 있다. 뿐만 아니라 '독거(獨居)' 형태로 사회와 단절된 채 생활하고 있는 젊은이도 50만 명 이상 있다고 추정된다.

이들을 내각부가 산출한 프리터 수와 합하면 수입기반이 불안정한 젊은이는 대략 계산해도 500만 명 이상을 넘는다.

버림받는 젊은이들

이와 같이 젊은이의 불안정한 취업이 증가하고 있는 가장 큰 원인은 앞의 절에서 보았던 바와 같이, 1990년대의 뉴 이코노미의 확산에 있다. 노동자가 전문적·핵심적 노동자와 단순노동자로 양극화되고, 단순노동자 그룹이 비정규 고용의 아르바이트, 파견사원 등으로 바뀌고 있다. 이런 영향이 젊은이들에게 증폭된 형태로 나타난 모습이 '프리터'인 것이다.

특히 일본에서는 기업이 고용을 조정하는 경우, 전통적으로 중·노년의 고용을 유지하기 위해 신규 채용을 억제해 왔다. 이러한 불황시의 방식이 기업의 구조 전환의 경우에도 행해지고 있으며 오늘날 젊은이의 대량실업이라는 상황을 만들어 내고 있다.

과거 경제 구조의 전환 때에는 농업에서 공업으로 옮겨지거나, 석탄산업에서 서비스업으로 옮겨지거나, 업종별 전환으로 나타났다. 이 경우 신규 산업에 진출할 수 있는 젊은이는 오히려 유리한 존재였다.

그러나 오늘날 일본에서는 경제의 구조 전환이 동일한 회사나 동일 업계 내에서 진행되고 있다. 여기에선 동일 기업 내에도 올드 이코노미와 뉴 이코노미가 공존하고 있다. 중·노년은 올드 이코노미형의 고용이 유지되는 한편, 뉴 이코노미의 진행에 의한 노동의 양극화에 노출된 젊은이는 핵심 사원으로서 정규직으로 채용되는 소수의 젊은이와 아르바이트나 파견사원으로밖에 채용되지 않는 프리터로 전락하는 젊은이로 양극화되어 버린다.

겐타 유지 玄田有史나 미야모토 미치코 宮本みち子가 강조하듯이, 젊은이의 고용 상황이 특히 악화되고 있는 것은 중·노년의 고용이 유지되고 있기 때문이다(玄田 『仕事のなかの曖昧な不安』, 宮本 『若者が'社會的弱者'に轉落する』). 그 이유는 단지 고용의 조정이라는 기업행동의 문제가 아니라, 경제의 구조 전환 속에서 기업 내 뉴 이코노미 침투 속도가 세대간에 다르기 때문이다.

양극화하는 젊은이들

그리고 또 하나는 양극화의 일본식 특징이 관찰된다. 일반적으로 양극화라고 할 때 능력 있는 사람은 핵심 노동자가 되어 정사원이 되고, 능력 없는 사람은 프리터가 되는 것처럼, '능력'이라는 하나의 척도를 통해 둘로 양분된다는 것이다.

그러나 지금 일본 상황을 보면, 젊은이들 전체를 분명히 두 그룹으로 양분하는 선이 그려지는 것이 아니라, 학력이나 직종마다 각각 양극화가 생기고 있으며, 그것이 일본의 프리터가 안고 있는 상황을 복잡하게 만들고 또한 문제의 본질을 파악하기 어렵게 하고 있다.

예를 들면 대학원 박사 과정 수료자는 일본 전국에서 매년 1만 명 이상

생겨난다. 그러나 매년 새롭게 발생하는 대학 교원이나 연구소의 상근 연구원 자리는 3,000명 정도이며, 더욱 대학이 도산하는 시대를 맞이하고 있어 앞으로 증가할 전망은 거의 없다. 특별히 우수한 사람은 수료와 동시에 상근 교원이 되어 연 500만엔 정도의 수입을 얻을 수 있지만, 그렇지 않은 사람은 비상근 교사를 해도 연 100만엔 정도 수입밖엔 벌 수 없다. 일정 기간 특별 연구원 등이 되더라도 연 200만엔 정도의 수입으론 장래에 대한 어떤 보증도 없다. 그들은 능력을 갈고 닦아 교육관련 연구직에 종사할 찬스를 기다리고 있다. 하지만 일생 동안 대학 교원이 될 수 없는 박사과정 수료자가 매년 7,000명 이상 탄생하고 있다.

문과 대학 졸업자라도 우수한 사람은 졸업과 동시에 외국계 기업에 근무하며 월 30만엔 이상의 수입을 얻는 반면, 어디서도 정사원으로 채용되지 못하고 월 15만엔 정도의 수입을 얻는 파견사원이 될 수밖에 없는 대졸자도 점점 증가하고 있다.

고교 졸업자 가운데는 운 좋게 몇 안 되는 정사원이 되어 일정한 수입을 얻을 수 있는 사람도 있지만, 계약사원이라도 되면 좋다고 할 정도이며, 상당한 비율이 아무런 보증 없는 프리터가 될 수밖에 없는 상황에 처해 있다. 비록 정사원이 되더라도 이직률이 높고 프리터로 전락하는 경우도 증가하고 있다.

예능 관계 외래어 직업의 분야에선 그 격차가 더욱 심각하다.

물론 심각한 정도는 다르다. 대학원이나 대학졸업자는 일자리 수준을 낮추면 일정한 직업은 발견할 수도 있다. 실제 '고졸' 수준 지방공무원 모집에 대학졸업자가 쇄도하고 있는 실정이다.

그러나 교육에 투자해 온 '기대치'가 있기 때문에 좀처럼 수준을 낮추어 취업할 수는 없는 것이다. 또한 같은 학력의 동기가 학력에 맞는 취업을 하고 있으면 수준을 낮춰 취업하는 것은 자존심이 허락하지 않는다. 더욱이 언젠가는 실현할지도 모른다는 '꿈'을 단념하지 못한다는 사정이 있기 때문에, 학력별 양극화는 앞으로도 불가피하게 진행될 것이다.

프리즘 굴절

일본경제신문사의 니시오카 코이치 西岡幸一 는 기업실적의 양극화를 '프리즘 굴절'이라고 명명했다(일본경제신문, 2003년 10월 5일). 호송선단(護送船團) 방식으로 일률적이던 일본 기업이 전환기를 헤쳐 나와 거기에 대응할 수 있는 기업의 실적은 위쪽으로 굴절하고, 그에 대응할 수 없는 기업의 실적은 아래쪽으로 떨어진다. 그것을 프리즘의 광선 굴절에 비유했던 것이다. 이것은 개인의 경우에도 적용된다. 명확히 교육과 취업의 경계에서 '프리즘 굴절'이 일어나고 있는 것이다(도표 5-5).

도표 5-5 프리즘 굴절

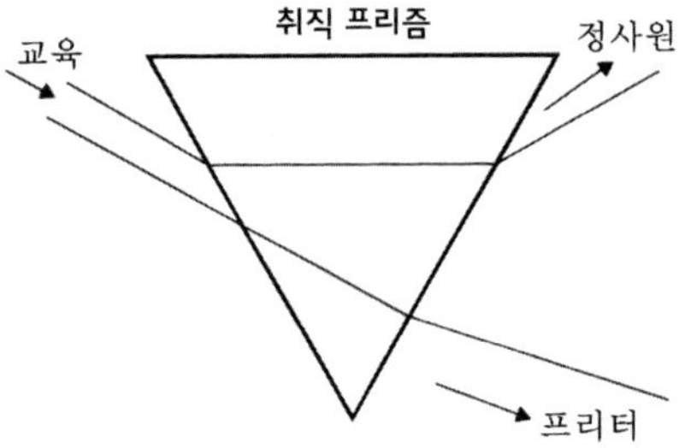

프리터의 남녀 차이

여기에서 프리터 등 불안정한 고용의 성차(性差)에 대해 정리해 두자.

프리터나 파견사원은 남성에 비해 여성이 많다. 다른 한편으로 고용기회 균등법이 생겼음에도 불구하고 여성을 핵심 사원으로서 채용하는 기업이 상대적으로 적으며, 지금까지 여성이 종사해온 일반직이라는 이름의 보조직이 급속히 아르바이트나 파견사원에로 대체되고 있다는 것을 들 수 있다.

즉 올드 이코노미에서 주변적 입장에 놓여있던 미혼·기혼 여성은 뉴 이코노미 하에서는 매우 소수의 핵심 사원과 승진을 기대할 수 없는 일반직이나 파견사원, 프리터 등으로 분해되어 나간다.

미국이나 영국 등의 남녀평등 선진국에서는 1970년대에 페미니즘의 영향으로, 많은 여성이 정사원으로 일하는 것이 당연해진 후 1990년대의 뉴 이코노미가 확산되기 시작했다. 그러나 일본에서는 남녀고용기회 균등법이 시행되었던 것이 1986년이다. 즉 여성 대부분이 정사원화가 되기 전에 뉴 이코노미의 영향을 받게 되었던 것이다.

그 결과 대부분의 여성에게 기업사회 속에서 주변노동자로서의 위치설정은 뉴 이코노미 이전이나 이후에도 변함이 없다. 일부 여성은 그 뛰어난 능력에 의해 활약할 수 있지만, 대다수의 여성은 그다지 보람 없는 단순노동에 계속 종사하게 된다. 따라서 뒤에 설명하듯이 남녀간에 '꿈의 견해'가 상이하게 나타난다.

'꿈꾸는' 일회용 노동자

프리터를 시작으로 불안정한 일자리에 종사할 수밖에 없는 젊은이는 어떤 인생을 설계하고 있을까. 이에 대해 조사해 보자.

노동연구기구에서는 코스기 레이코小杉禮子 가 중심이 되어 대규모 프리터 조사가 실시되었다(小杉編『自由の代償』). 거기에서는 프리터의 유형을 '꿈을 좇는 형' '어쩔 수 없는 형' '무심한 형' 등 몇 가지로 분류하고 있다. 그리고 최근에는 '어쩔 수 없는 형'의 프리터가 증가하고 있다고 결론짓고 있다.

필자는 이러한 유형별 분류는 그다지 의미가 없으며, 프리터가 장래 희망을 가질 수 있는 일정한 직업에 종사하지 않는다고 하는 사실이 중요하다고 생각한다. 예를 들면 꿈을 좇는 유형은 사법시험 재수생이나 영화감독이나 배우 희망자 등이 포함될지도 모른다. 어쩔 수 없는 유형은 공무원 시험에 떨어지거나 정사원으로서 채용되지 않은 사람이 포함될지도 모른다. 그러나 그 양자 간에 얼마나 차이가 있을까? 예를 들면 연구자가 되고 싶은 박사과정 수료자(OD)가 대학 교원으로 채용되지 않아 학원강사로 생계를 유지하고 있는 것은 어느 쪽에 분류할까? 일반적인 형태로는 정말 아무런 생각도 없이 프리터가 된 남성이 있는가 하면, 장래 결혼해서 남편에게 의존하는 것을 목표로 하는 여성도 많이 포함되어 있다.

필자의 생각으로는, 어떤 시점에서 꿈을 좇으려 하는지, 또는 어쩔 수 없다고 생각하는지 하는 주관적인 차이는 중요하지 않다. 어느 사례도 자신이 바라는 일자리(입장)에 종사하지 않는다고 하는 것이 중요하다. 말을 바꾸면 프리터 문제의 핵심은 일회용 단순노동(혹은 보조자)이라고 하는 자신이 실제로 할 수 없이 하고 있는 업무와 자신이 하고 싶은 업무, 신분의 갭에 있다.

누구도 양극화된 직업 가운데, 하위 일자리를 얻어 패자그룹이 되고 싶지는 않다. 남녀 모두 기업 사회가 필요로 하는 수입이 높은 핵심 전문노동자, 그것이 무리라면 남성은 적어도 그만한 수입과 장래를 보장받을 수 있는 공무원 등 올드 이코노미의 일자리, 여성이라면 그러한 남성의 아내가 되고 싶다고 생각할 것이다.

프리터를 하면서 '자신의 이상적 일이나 입장'에 취업할 때까지 기다리는 상태가 프리터의 진정한 모습이다. 필자가 생명보험문화센터 조사에 참가해서 조사한 결과를 살펴보아도 10년 뒤에도 프리터로 계속 남아있기를 희망하는 젊은이는 매우 적다(도표 5-6).

도표 5-6 프리터의 '10년 후 희망과 예정'

	남성		여성	
	희망	예정	희망	예정
공무원·교원	14.1	6.3	5.0	2.5
대기업 정사원	7.8	3.1	4.5	0.5
중소기업 정사원	29.7	46.9	11.9	11.9
프로로서 독립(자영업, 자유업)	39.1	21.9	23.9	9.5
가업 계승	－	－	－	0.5
이 상태로 아르바이트를 계속한다	1.6	6.3	6.0	14.9
배우자에게 생활을 의지, 자신의 페이스로 일을 함	1.6	4.7	30.3	36.8
일을 하고 있지 않음(전업주부, 학생 등)	－	－	12.9	16.4
기타	4.7	7.8	1.5	2.5
불명	1.6	3.1	4.0	4.5

언젠가 자신의 이상적인 일이나 입장에 취업할 것이라고 생각하면서, 단순노동자인 자신의 모습을 심리적으로 정당화하는 것이 프리터가 품고 있는 꿈의 본질이 아닐까? (이 문제는 7장에서 설명하기로 한다).

프리터의 꿈을 지탱하는 부모들

구미에서는 일정한 직업을 가지고 싶어도 갖지 못하는 젊은이들이 사회적으로 큰 문제가 되고 있다(Ulrich Beck, Gill Jones, Clare Wallace, 宮本みち子 등 참조). 경제적으로 불안정한 젊은이가 대량 출현하고, 생활 자체가 이루어지지 않는 위험에 직면하고 있으며 노숙자로 전락하는 젊은이도 증가하고 있다.

그러나 오늘날 일본사회에서는 서구와는 달리 아직도 커다란 문제라고는 여기지 않고 있다. 왜냐하면 젊은이가 노숙자로 전락하지 않고, 꿈을 꿀 수 있는 세 가지 조건, 즉 ① 부모에게 생활을 의지하거나, ② 아르바이트를 찾기가 쉽고, ③ 가족 책임에서 면제되고 있기 때문이다.

우선 일본에서는 대부분의 프리터는 부모에게 의존하고 있다. 부모가 소유(혹은 집세를 지불)하고 있는 주택의 방 하나를 점거하고 있으면 주거나 식사 걱정은 할 필요가 없다. 수입이 적어도 생활하기 용이하다.

다음으로 현재로서는 우선 아르바이트 자리는 충분히 있다는 것을 들 수 있다. 경제 구조가 전환되어 대량의 일회용 노동자 수요가 발생하고 있다. 이것이 얄궂게도 효과적이어서, 수입이 낮아도, 승급이 없어도, 장시간 일하지 않아도, 부모에게 의존하고 있으면 편하게 살아갈 수 있다. 독신생활인 경우에도 건강만 좋으면 굶어 죽는 일은 없을 것이다.

마지막으로 가족 책임으로부터 면제되고 있다는 것을 들 수 있다. 정의상 프리터는 결혼하고 있지 않다. 일본에서는 미혼으로 자녀를 가지는 일은 거의 없기 때문에, 양육해야 할 자녀도 없다. 반대로 말하면 프리터의 증가가 미혼화, 소자녀화의 경향을 심화시키고 있는 것이다.

미국이나 영국에서는 부모에게 의지할 수 없는 젊은이의 기혼율, 동거율,

자녀를 가지는 비율이 높기 때문에 생활이 불안정한 젊은이는 커다란 사회 문제가 된다. 단 1995년 이후 일본에서도 '속도위반 결혼'의 증가로 인해 경제 상황이 불안정한 상태에서 자녀를 양육하는 젊은이가 증가하고 있다(6장 참조).

프리터의 불량 채권화

그러나 현 상태는 유지한다 하더라도 장래를 바라보면 상황은 밝지만은 않다. 이대로라면 승진 없는 단순노동에 종사하고 업무 능력이 붙지 않은 채로 언젠가 꿈은 실현된다고 몽상하며 나이만 들어가는 젊은이들이 대량으로 출현한다.

꿈을 향해 노력하면 그 꿈이 반드시 실현된다는 것은 '거짓말'이다. 모든 사람이 희망한대로 취업할 수 있다는 것은 있을 수 없는 일이다. '일생' 대학교원이 될 수 없는 박사 과정 입학자는 1년에 1만 명씩, '일생' 상장기업의 화이트칼라나 기술직에 종사할 수 없는 대학졸업자는 아마도 한해에 수만 명씩, '일생' 중소기업 정사원조차 될 수 없는 고교 졸업생은 연간 10만명씩 증가해 간다. 이에 맞추어 정사원과 결혼하고자 하는 꿈을 가지고 있지만, 일생 결혼하지 못하는 프리터 여성은 연간 20만명 이상 생겨나고 있다.

프리터는 버블기에 생긴 기업의 불량채권과 유사하다. 언젠가 토지나 주식이 오르면 괜찮아지리라고 기대하며 대책을 강구하지 않고 있다가, 그대로 불량채권이 늘어나 파탄에 빠진 것처럼, 그것이 지금의 젊은이들에게도 나타나고 있다.

언젠가는 합격하리라고 믿으며 공무원 시험 보기를 계속해도 30세를 지나면 연령제한에 걸린다. 어차피 정사원으로 고용해 주지 않기 때문에 취업을 포기하고 단순 작업의 아르바이트를 하고 있던 고졸자는 업무의 경험이나 능력이 자기 것이 되지 않은 채 나이만 계속 먹게 된다. 이상적인 결혼 상대를 만날 수 없다며 결혼을 미루고 있던 여성은 40살이 지나면 맞선 자리도 들어오지 않게 된다. 당사자인 젊은이는 생각하면 우울해지기 때문에 생각하려 하지 않는다. 젊은이 자신이 불량채권으로 전락하는 것이다.

그리고 머지않아 생활을 의존하고 있던 부모가 병이 들거나 죽거나 한다. 나이가 들면 아르바이트 자리도 없어지게 된다. 그리고 결혼하지 않고 또한 자녀를 낳지 않고 고령을 맞이하는 프리터의 중년남성 및 여성이 100만 명 규모로 존재하는 사회는 어떻게 될까? 그들은 자기 자신의 생활을 스스로 유지할 수 있을까? 생활이 파탄하는 사람이 증가하고 그 결과 사회복지비가 늘어나게 된다. 무엇보다 연금 부금이나 세금을 납부하지 않고 자녀도 양육하지 않는 중·노년자가 증가하면, 그 만큼 온전히 일하는 사람이나 제대로 육아를 하는 사람에게 악영향이 미칠 것이다. 사회 전체의 불량채권화가 눈에 선하다. 그들에게 연금 부금을 납부하라고 설득하는 것은 불가능하다. 내일의 생활이 불안한 사람이 65세가 된 후의 생활을 걱정할리가 없다.

단지 직업적으로 불안정한 사람들이 증가함으로 인해 발생하는 영향은 경제 영역에만 머무르지 않는다. '희망'이라는 사람들의 심리 문제와도 직결된다. 이장의 서두에서 말한 것처럼, 직업은 사람들에게 아이덴티티의 감각을 제공한다. 직업을 통해 사회로부터 인정받고 있다는 감각을 얻으며 삶의 보람을 느끼는 것이다. 그러한 감각으로부터 소외된 사람이 대량 출현하면 사회는 불안정하게 되는 것이다.

그러한 징조는 이미 나타나고 있다. 2003년에는 미성년 여성을 유괴하는 사건 등이 증가하고, 그 용의자 대부분은 무직의 젊은이다. 2002년에 일어난 오사카교육대 부속 이케다 초등학교 소년살인사건의 범인도 무직의 중년남성이었다. 이러한 상황의 심각화를 막기 위해서라도 불안정한 고용에 대한 대책이 요구되는 것이다.

제6장
가족의 불안정화 ― 라이프코스의 예측 불가능

6-1. 가족관계의 리스크화

가족이란 무엇인가

가족을 오랫동안 연구해 온 필자에게는 가족 문제의 본질은 단순한 것으로 생각된다. 문제란 양립 불가능한 두 가지 것을 동시에 추구하는 데서 발생한다. 가족의 영역에 적용시키면, 사람들이 "가족과 함께 살고 싶다"는 욕구와 "쾌적하게 생활하고 싶다"는 욕구가 상충한다는 것이다.

흔한 편의점 등으로 생활이 불편하지 않아서 부인이 없어도 생활할 수 있다든가, 직업에 종사하는 여성이 증가했기 때문에 남편이 필요 없다든가, 복지제도 덕에 자식에게 의지하지 않아도 노후 생활을 영위할 수 있게 되어 자녀를 낳지 않는 사람이 증가했다는 등 의견이 있지만, 이처럼 가족의 본질을 오해하는 논의는 없다. 가족은 단지 생활의 편리함 때문에 필요한 존재가 아니다.

근대사회에서 가족은 장기적으로 신뢰할 수 있는 관계, 즉 서로 마음을 의지하는 관계를 뜻하고 있다. 이것을 '관계 감각'이라고 불러 두자. 인간이 적극적으로 살아가기 위해서는 애정의 감각이 필요하다. 전근대 사회에서는 종교나 공동체, 가문이라는 친족집단, 메이지 시대라면 '가업공동체'라는 것이, 장기적으로 신뢰할 수 있는 것으로서 사람들에게 애정의 감각

을 유지시켜왔다. 그러나 종교의 가치가 떨어지고 공동체가 쪼개져 의지할 곳이 없어져버린 근대사회에서 '관계'는 가장 친밀한 인간관계, 즉 가족에 요구하지 않을 수 없다. 이것이 가족을 갖고 싶다는 욕구, 즉 결혼하고 싶다든가, 자녀를 낳고 싶다는 욕구의 기초에 있는 것이다. 결코 편리하기 때문이라는 이유만으로 가족을 가지고 싶다고 생각하는 것은 아니다(졸저 『家族というリスク』 참조). 이것이 충족되지 않으면, 애완동물을 가족처럼 소중히 여기듯이, 유사한 '가족'을 만들어서라도 '관계'를 가지려고 한다(졸저 『家族ペット』 참조).

도표 6-1 고도성장기의 가족 시스템

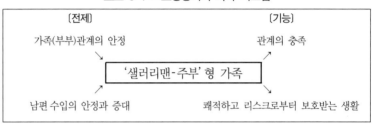

그리고 가족에는 또 하나의 다른 모습이 있다. 근대사회에서 가족은 경제적으로 하나의 생활공동체가 되었다. 공동으로 리스크를 처리함으로써, 즉 서로가 리스크로부터 서로를 보호함으로써 가족은 인지되어 왔다. 가족으로 소속된 사람은 서로 경제적, 정서적으로 쾌적한 생활을 보내기 위해서, 여러 생활 리스크에 대해 협동해서 대처하는 역할을 짊어져 왔다.

고도성장기의 가족 안정

다시 한 번 고도성장기의 가족을 복습해 보자. 4장에서 말한 것처럼, 경제의 고도성장기에는 '관계로서의 가족의 존재' '공동체로서의 쾌적한 생활의 추구'라는 두 가지 욕구가 충족되고, 그 결과 가족은 안정되어 있었다(도표 6-1). 대부분의 사람이 원하면 가족을 얻을 수 있었고, '남편은 일, 아내는 가사로, 풍요로운 생활을 목표로 한' 시스템이 잘 기능해서 쾌적한 생활을 실현할 수가 있었다. 그 전제로 '가족 관계, 특히 부부관계의 안정' 그리고 '남편 수입의 안정과 증대'라는 두 조건이 있었기 때문이다. 샐러리맨-주부형 가족은 가족 관계의 안정과 남편 수입의 안정과 증대를, 관계의 충족과 쾌적함으로 리스크를 걱정하지 않고 지내는 생활로 변환하는 '장치'로서 존재하고 있었다고 볼 수도 있다.

가족의 불안정화

그러나 오늘날 일본에서 일어나고 있는 것은 가족의 불안정화다. 2, 3장에서 간단하게 살펴본 것처럼, 가족생활이 리스크를 수반함으로써 가족이 경제적으로 양극화하는 상황이 나타나고 있다.

그것은 고도성장기의 가족 안정의 조건인 '가족 관계'와 '남편의 수입'이 리스크화 함으로써 초래된다. 그 결과 '샐러리맨-주부형 가족'이 잘 기능하지 않게 되고, 가족 관계, 그리고 가족생활이 리스크화 하는 사태가 발생하게 된다.

이것은 가족이라는 제도에 있어 상당히 심각한 사태이다. 원래 가족은 '장기적으로 안정'되어 있기 때문에 '가족'이라고 불리며 생활 리스크를 공동으로 처리하는 기능을 이루어 왔다.

가족이 리스크화 한다는 것은 '관계'의 감각을 얻기 어려워져서, '리스크로부터 사람들을 보호한다'는 기능을 완수하지 못할 기회가 커지는 것을 의미한다. 내일 당장 이혼할지도 모르는 배우자와의 관계를 '장기적으로 신뢰할 수 있는 관계'라고 생각할 수 있을까? 설령 그렇다 해도, 가족을 대신하는 '관계'의 감각을 제공하는 전통적인 존재(종교, 공동체 등)의 역할은 이미 상실된 지 오래다. 또한 가족을 대신하여 사람들을 리스크로부터 보호하는 중간집단도 존재하지 않는다. 기업은 이미 사람들을 리스크로부터 보호하지 않으며, 마을이나 지역공동체는 해체되고 관공서로 대체되었다. 노숙자가 집 앞에 있어도 이웃과 의논하여 돕기 전에 관공서에 연락해서 조치를 취하고, 그 이상의 관계를 가지려 하지 않을 것이다.

도표 6-2 생애 미혼율의 추이(전국)

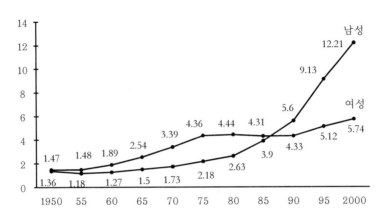

출처: 총무성 『국세조사보고』
주: 생애 미혼율은 45~49세의 미혼율과 50~54세의 미혼율을 평균한 50세의 미혼율

미혼화의 진전 — 결혼의 리스크화 1

가족 관계의 리스크화 가운데, 부부관계가 불안정해지고 있는 양상을 미혼화의 진전과 이혼의 증대를 들어서 고찰하기로 한다.

미혼화가 진행되고 있다. 2000년 시점에서 50세의 미혼율(이것을 생애 미혼율이라 부르기로 한다)은 남성이 약12%, 여성이 약6%로 증가하고 있다(도표 6-2). 1980년 태어난 젊은이는 대체로 20%정도(남성25%, 여성18%)까지 생애 미혼율이 상승한다고 예측되고 있다.

생애 미혼율이 상승하더라도 그것이 의도적으로 선택한 스타일인 경우에는 별 문제가 없다. 그러나 미혼자가 많고, 대체로 9할 정도는 결혼하고 싶어도 못하는 사람 혹은 결혼하고 싶었는데 못하고 결혼을 포기한 사람이다. 대부분의 사람은 관계를 가지길 바라기도 하고, 친밀하고 성적인 파트너를 가지고 싶어한다. 그 양자를 충족할 수 있는 가장 빠른 수단이 '결혼'이기 때문이다.

그래서 미혼화는 결혼하고 싶어도 할 수 없는 확률의 상승, 미혼 리스크의 상승으로 체험된다. 그것도 나이가 들면 그 리스크도 커진다. 16세 시점에서 미혼 리스크는 20%인데 비해, 30대 전반인 사람의 미혼 리스크는 50% 정도로 높아진다(그때까지 전체 60%의 사람은 이미 결혼하기 때문이다).

도표 6-3 연령별 파트너십의 변화

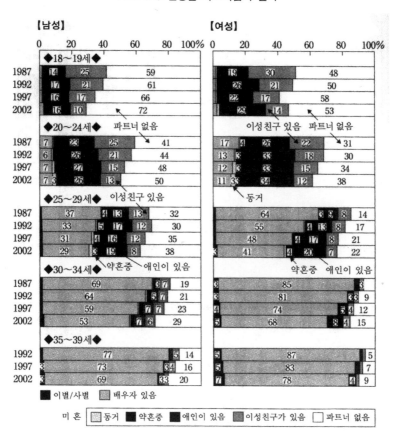

주: 국세조사로부터 추정되는 이 조사 매년도의 배우자 관계(미혼, 배우자 있음, 이별/사별) 구성과, 이 조사의 미혼자 교제 상황으로부터 각 연령층에서의 파트너십(동반자 관계)의 상황을 추정한 것. 국립사회보장인구문제연구소 『제12회 출생동향 기준조사』에 의함. 35~39세 1987년은 조사결과 없음.

도표 6-4 연 수입별 미혼(未婚)율

연수입	전체	20~24세	25~29세	30~34세	35~39세	40~44세	45~49세
[남성]							
없음	88.2	98.1	95.0	58.3	33.3	52.9	33.3
100만엔 미만	83.9	97.1	88.1	61.1	43.8	44.4	21.1
100~200만엔	68.0	90.9	78.9	51.2	30.0	34.3	28.2
200~300만엔	61.2	90.6	76.5	54.0	36.0	26.0	13.7
300~400만엔	45.0	84.4	68.2	33.2	24.7	17.6	11.8
400~500만엔	30.5	80.0	68.2	33.0	15.2	13.2	6.6
500~600만엔	17.3	83.3	40.0	30.7	13.1	8.3	5.3
600~700만엔	12.4	–	42.9	26.9	12.4	9.0	6.4
700~1000만엔	4.9	100.0	23.1	12.5	6.6	4.1	2.2
1000~1500만엔	4.0	100.0	60.0	16.7	2.8	1.4	1.6
1500만엔 이상	1.4	–	100.0	–	–	–	–
[여성]							
없음	8.0	59.0	6.6	3.6	1.7	1.3	2.0
100만엔 미만	17.7	83.5	25.3	7.4	2.5	3.6	2.2
100~200만엔	44.9	94.4	59.6	25.5	15.8	8.2	3.3
200~300만엔	54.8	93.5	73.4	44.1	23.3	6.1	8.8
300~400만엔	49.7	96.1	75.5	39.3	21.1	16.3	10.0
400~500만엔	35.2	87.6	68.0	37.5	32.6	9.1	9.6
500~600만엔	22.2	–	53.8	38.5	21.4	7.3	16.1
600~700만엔	10.1	–	50.0	50.0	15.0	2.6	8.0
700~1000만엔	14.1	–	100.0	33.3	25.0	4.8	7.1
1000~1500만엔	19.0	–	–	–	–	–	28.6
1500만엔 이상	16.7	–	–	–	–	–	33.3

출처: 인구문제연구소『제2회 인구문제에 관한 의식조사』 1995

도표 6-5 여성의 부모쪽 소득과 남편쪽 소득의 비율로 보는 결혼 비율

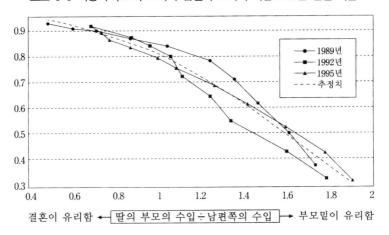

결혼이 유리함 ← 딸의 부모의 수입÷남편쪽의 수입 → 부모밑이 유리함

결혼이라는 형태를 취하지 않아도 동거 등의 형태로 신뢰할 수 있는 파트너가 있으면 되는 것이 아닌가 하는 의견도 있다. 그러나 국립사회보장인구문제연구소의 조사에 의하면, 배우자뿐만 아니라 애인, 이성의 친구도 없는 사람의 비율은 최근 20년간 증가하고 있다(도표 6-3).

미혼화가 진행되는 이유는 물론 여러 가지 생각할 수 있다. 남자의 수가 많다거나 혹은 여자의 수가 많다고 말하기도 하지만, 남녀 쌍방에 의해 미혼화가 진행되는 것이다. 즉 미혼의 남성, 여성이 같이 증가하고 있기 때문에 '결혼한다면 누구라도 좋다'고 한다면 미혼화는 일어나지 않을 것이다.

우선 경제적인 이유를 간단히 살펴보자. 결혼은 새로운 생활을 시작하는 것이다. 남성의 고용이 불안정해지면 샐러리맨-주부형 가족의 경제기반이 성립되지 않게 된다. 더욱이 내가 캥거루족이라 부른 것처럼, 일본에서는 미혼자는 부모와 함께 거주하기 때문에 생활수준이 높다. 결혼 후 생활수준을 낮추고 싶지 않기 때문에, 결혼에 대해 신중을 기하고 있는 것이 미혼화의 큰 요인이다. 그 결과 수입이 적은 남성과 부모 슬하에서 여유로운 생활을 보내고 있는 여성에게 미혼율이 높아지고 있다(도표 6-4, 도표 6-5).

또한 배우자 선택을 둘러싼 자유 경쟁이 확대되고 있는 것도 한 요인이다. 자신이 결혼하고 싶다고 생각하고 있는 상대로부터 선택되지는 않고, 자신이 관심을 가지고 있지 않는 상대로부터 좋아한다는 말을 듣거나 하는 일이 생겨난다. 게다가 업무능력처럼 결혼상대로서의 매력도 불균등하게 배분되고 있다. 모든 사람으로부터 사랑받는 '인기 있는' 사람이 있는가하면, 그 반대 극에 '인기 없는' 사람도 있다. 그 결과 '선택되지 않는' 사람들이 나타나게 된다(이점에 관한 구체적 내용은 졸저 『결혼의 사회학』과 『캥거루족 시대』 참조).

이혼의 증가 — 결혼의 리스크화 2

비록 결혼했다고 해서 안심하기는 이르다. 현재 이혼율이 급상승하고 있기 때문이다. 2003년에는 이혼한 수가 약 28만4000쌍 정도로, 결혼한 수

(74만 쌍)의 3분의1을 넘었다. 2000년 시점에서의 40세의 사람의 이혼(경험)율은 약20%이며, 20세 전후(2003년 시점)의 젊은이의 최종적인 이혼(경험)율은 30%정도가 된다고 예측되고 있다.

결혼 당시에는 이혼을 희망하기는커녕 예측조차 하는 사람이 없다. 많은 사람은 영속하는 것을 전제로 결혼을 결단한다. 그 말은 확실히 이혼이란 '발생하기를 원하지 않지만 발생하는'리스크로서 경험되는 것이다. 즉 결혼을 하더라도 장래까지 그 결혼이 계속될지 어떨지는, '자신의 의지'만으로 정해지는 것이 아니다. 장차 자신의 기분이 변할지도 모르고 상대로부터 이혼을 요구당할 지도 모른다.

이혼에 이르는 원인은 네 가지로 분류된다. ① 상대가 싫어진다, ② 상대가 싫어한다, ③ 상대 이상으로 좋아하는 사람이 나타난다, ④ 상대에게 자신 이상으로 좋아하는 사람이 나타난다. 이 가운데 복수가 동시에 발생하는 일도 종종 있지만, 분류상 네 유형이 되며, 각각 발생할 확률이 상승하는 것이 이혼 증대의 한 원인이다.

우선 ①과 ②에 나타나는 것 같은 '배우자를 싫어하게 되는' 기회의 증가 배후에는 배우자에 대한 기대수준의 상승이 있다. 고도성장기와 같이 남편은 일, 아내는 가사를 하고 있으면 애정이 있다는 증거이며 상대로부터 미움을 받지 않는다고 할 수는 없게 된다. 생활에 여유가 생기면, 상대로부터의 배려나 커뮤니케이션을 요구하게 된다. 그러한 상대의 기대에 부응하지 못하면 "…해 주지 않는다"는 형태로 불만이 쌓이고, 반대로 기대를 받는 상대는 "요구만 한다"는 형태로 불만이 쌓인다. 그리고 불만이 쌓이면 상대가 싫어지고, 없는 것이 좋다고 하는 감정으로 연결된다. 더욱 1990년 이전과는 달리 남성의 수입기반이 불안정해지고 있는 오늘날, '처자가 풍요롭게 생활할 수 있는 수입을 가져올 것'이라는 아내의 기대에 부응할 수 없는 남편이 늘어나면서 '남편이 싫다'는 사례가 증가하게 된다.

또한 사회가 풍요롭게 되어 일이나 취미 세계에서 기혼 여성의 사회 진출이 진행되자, 기혼 남성뿐만 아니라, 기혼 여성도 배우자 이외의 이성과 만날 기회가 증가한다. 이것이 ③ ④의 패턴이 증가하는 원인이다. 그러면 그 중에서 서로 사귀고 사랑하게 되어, 배우자 이상으로 좋아하는 상대가 나올 기회도 증가하는 것이다. 즉 만남의 기회 증가가 배우자를 둘러싼 '연애시장 의 경쟁상태'를 유발하고 있다.

남편의 수입 불안정화

5장에서 말한 것처럼, 1970년대 중반부터 고도성장기와 같은 남성의 수 입증대를 기대할 수 없게 되었다. 특히 1995년 이후는, 수입의 증대는커녕, 수입의 안정조차도 기대할 수 없게 되었다. 특히 젊은이가 정사원으로서 취 업할 수 있는 길은 좁아지고, 정사원이 되었다 하더라도 해고되거나 도산의 리스크에 노출되기 십상이다. 기업이나 자영업의 후계자를 목표로 하더라 도, 수입이 증가하기는커녕 도산 등의 리스크가 커지고 있다. 일부 능력있 는 젊은이는 남녀 관계없이 고수입을 얻을 수 있는 길이 열려 있고, 공무원 도 남녀 관계없이 안정된 수입을 얻을 수 있다. 그러나 전체적으로 보면, 남 성의 수입이 불안정해지고 있는 것은 부정할 수 없다.

남성의 수입 불안정화는 남편 및 장래 남편의 수입 불안정화로서 여성에 게 되돌아온다. 비록 결혼해서 또한 일생 관계가 계속되었다고 해도 '샐러리 맨-주부형 가족'의 상태로는 풍요로운 가족생활을 순조롭게 보낼 수 있다고 는 할 수 없게 되었다.

'샐러리맨-주부형 가족'의 불안정화

고도성장기에 보급되어, 1995년경까지는 굴곡이 있어도 그런대로 유지되 어 온 '샐러리맨-주부형 가족' 모델, 즉 남편이 일을 해서 거의 혼자 가계를 지탱하고 아내가 가사나 육아를 주로 담당하는 유형의 가족은, 그 전제가 리스크화하기 때문에 매우 위험한(riskful)한 존재가 되어 간다.

'결혼을 못한다' '이혼한다' '남편이 실업(폐업)하거나 남편의 수입이 줄어 든다'는 것은 '리스크'라는 점에 주목해 보자. 모든 사람이 이러한 사태에 빠지는 것은 아니다. '샐러리맨-주부형 가족' 가운데는 여유로운 생활할 수 있는 가족도 존재한다. 그러나 이 세 가지 리스크를 모두 회피할 수 있는 확률은 더욱 줄어들고 있다. 이는 '샐러리맨-주부형 가족'을 형성하고 유지할 수 없는 사람들이 증가하기 시작하고 있기 때문이다.

가족 기능의 불충족

그 결과 가족에 요구되는 두 가지, 즉 관계의 감각 구축과 생활 리스크의 공동 처리가 이루어지지 않는 사례가 많아진다.

가족에서 생활 리스크가 증가하면, 우선은 '샐러리맨-주부형 가족'에서 떨어져 나오는 사례가 증가하는 형태로 나타난다. 그것은 두 방향으로 나눌 수 있다. 하나는 ① 가족 형성을 꺼리며 리스크를 회피하는 사람의 증대, 또 다른 하나는 ② 리스크에 빠져 보통수준의 생활을 할 수 없게 되는 가족의 출현이다.

직면한 리스크를 회피하는 것은 결혼을 미루는 것이다. 자신의 수입이 안정되어 높아질 때까지 결혼을 할 수 없다고 생각하는 남성, 고수입에 외도를 안 할 것 같은 남성을 만날 때까지 결혼을 유보하는 여성이 이런 경우이다. 결혼을 미룸으로써 희망대로 이상적인 결혼을 할 가능성도 있다. 그러나 그 상당수는 결혼도 못하고 '관계'를 쌓아올릴 기회를 잃을 뿐만 아니라, 장래 생활에 대한 전망 또한 세울 수 없는 리스크를 계속 껴안게 된다.

다른 한편, 가족생활이 파탄하여 보통 수준의 생활을 할 수 없게 되는 가족도 출현한다. 프리터끼리 속도위반 결혼을 한 '핵가족', 처음부터 생활이 곤란하고 남편이 실직하여 아내가 전업주부로서 주택융자를 갚아야하는 가족, 빚을 떠안고 파산하여 처자로부터 이혼당해 노숙자로 전락하는 남성, 이혼으로 수입의 수단을 잃어버린 모자가족 등을 들 수 있다. 리스크를 처리해야만 하는 가족이 오히려 리스크의 원인이 되어버리는 상황이 출현하고 있는 것이다.

이러한 생활의 파탄은 동시에 '관계'의 감각 상실과도 연결되어 있다. 생활 리스크에 빠진 가족은 동시에 관계의 감각도 잃어버리고 산산조각이 되어 버리는 사례도 종종 발생한다. 앞서 예로 든, 빚을 떠안고 이혼 당하는 남편의 경우 생활을 잃음과 동시에 관계도 잃게 되는 것이다.

여기서 이혼이나 미혼이 좋지 않다고 주장하는 것은 아니란 점을 강조해 둔다. 다만 '결혼의 안정'은 '샐러리맨-주부형 가족'의 전제이다. 이혼이 증가하거나 미혼이 증가해도, 관계나 생활의 안정이 확보되면 문제는 없다. 미혼으로 자녀를 낳고 생활을 할 수 있거나 이혼이 증가해도 재혼이 활성화되면, '관계'의 감각과 생활의 보장이라는 기능은 충족된다. 다만 현재 일본 사회에서는 '샐러리맨-주부형 가족'을 전제로 해서 모든 제도가 구성되어 있기 때문에, 미혼이나 이혼 결과 생기는 사람들은 관계나 안정된 생활로부터 소외되는 사례가 압도적으로 많아지는 것을 염려하는 것이다.

부모와 자식관계의 리스크화

지금까지 주로 부부관계의 리스크화에 관해 살펴보았다. 리스크화하는 것은 부부관계만이 아니다. 부모와 자식 관계에도 리스크화가 확실히 침투하고 있다.

우선 부모를 수발해야 하는 리스크가 있다. 최근 고령자 수발 문제가 종종 화제가 되고 있는데, 만약 부모의 수발을 언제 시작해야 하는지, 어떤 상태가 어느 정도 지난 후 사망할지를 미리 알면 대책도 세울 수 있을 것이다. 그러나 현실적으로는 자신의 부모가 수발을 필요로 하는 상태인지 그렇지 않고 얼마나 건강하게 살다가 죽을지도 예측할 수 없다. 따라서 수발을 시작하는 시기, 정도, 기간도 예측할 수 없다. 혹시 90세까지 건강하게 신변을 돌보다 별 문제없이 죽을지도 모르고, 60세에 치매에 걸려 그 상황이 30년 계속될지도 모른다. 전자의 부모를 가지면 고생하지 않지만, 후자의 부모를 가족과 함께 돌보게 되면 본인의 생활마저도 곤경에 빠지게 될 것이다.

한편 자녀를 양육하는 일도 '생활의 리스크'가 되고 있다. 자녀에게 얼마나 돈이 들어갈지 모른다. 고등학교를 나와 자립할 수도 있으나 30세가 되어도 프리터로 부모에게 계속 기대어 생활할지도 모른다. 부모가 어느 정도 부담을 져야 하는지 예측할 수 없다. 게다가 자녀가 비행에 빠져 범죄자가 되거나 범죄의 피해자가 되는 리스크도 증가하고 있다. 자녀를 가지는 심리적 부담도 커지고 있는 것이다.

라이프 코스의 예측 불가능

가족이 있는 한, 누구라도 가족의 생활이 곤란하게 되는 상황에 빠질 가능성이 있으며(가족 리스크의 보편화), 실제 리스크에 빠져도 가족이 도와줄 수 없는(가족 리스크의 개인화) 시대가 도래하고 있다. 라이프 코스가 예측 불가능하게 되어 생활을 설계하기가 어려워진다. 그뿐만이 아니라 그 위에 리스크의 대책도 세우기 어려워진다.

그렇다고 해서 가족이 필요 없다는 것은 아니다. 리스크가 있다고 해도 정의감이나 공동생활의 파트너를 갖고 싶다고 대부분의 사람들은 생각할 것이다. 오늘날은 리스크를 각오하면서 가족생활을 영위하지 않을 수 없는 상황에 처한 것이다.

가족 리스크의 개인적 대책의 곤란성

그리고 앞서 말한 가족 리스크에 대해 개인적 대책을 세울 방법이 없다. 이것이 현실이다.

독신보험이나 이혼보험 등이 생길 리도 없다. 이혼을 예측하고 준비를 하는 것 자체가 이혼을 유발할 위험성이 있다(상대에게 수상하게 보일 수 있다). 겨우 혼자 생활할 수 있도록 업무 능력, 가사 능력을 체득하는 정도의 대책밖에 없는 것이 현실이다.

부모가 30년 와병생활을 하는 경우, 그것을 가족이 함께 돌보도록 '준비'하기 위해서는 상당한 양의 돈이 필요하다. 최악의 사태를 전제로 수발 비용을 준비할 만큼 여유 있는 가족은 거의 없다. 더욱이 요양보험만으로는 불충분하고 개인보험으로는 한계가 있다.

육아도 마찬가지다. 대학까지의 학비 정도는 준비할 수 있어도, 최악의 경우, 예를 들면 15세부터 독거 자녀를 40세가 넘도록 계속 보살펴야 하는 것은 보통 상상할 수 없으며, 또한 독거보험이 있는 것도 아니다. 그러나 실제로 이러한 형태로 인해 가족생활이 파탄하는 사례가 나타나고 있다.

6-2. 가족의 양극화

가족의 다양화: 두 유형

현대 일본사회에서는 앞 절에서 언급한 것처럼 가족생활의 리스크화가 진행되고 있을 뿐만 아니라 양극화, 즉 가족생활에서도 승자 그룹과 패자 그룹으로 양분되기 시작하고 있다.

오늘날 종종 가족이나 라이프코스가 다양화되고 있다고들 한다. DINKS (double income, no kids의 약칭. 정상적인 부부생활을 하면서도 의도적으로 자녀를 갖지 않고 맞벌이하는 젊은 부부를 뜻함—역주), 독신 생활, 사실혼, 미혼모, 게다가 동성(同性) 결혼 등 다양한 형태가 서서히 인정받게 됨에 따라 라이프스타일의 선택지가 증가하고 있다.

그러나 여러 유형의 가족 형태가 존재한다 하더라도 그것이 스스로 선택한 스타일이라고는 할 수 없다. 본인의 의사와 상관없이, 다양한 라이프스타일의 선택을 강요당하는 사람들도 있다.

예를 들면 일생 독신으로 살아가는 라이프스타일이라 하더라도, 거기에는 처음부터 결혼을 거부하는 사람이 포함되기도 하며, 또한 결혼하고 싶어도 상대를 만나지 못해 결과적으로 미혼으로 남아있는 사례도 있다. 또 맞벌이라 하더라도, 남편의 수입이 많아서 일하지 않고도 풍요로운 생활을 할 수 있는데, 굳이 자기실현을 위해서 일하는 아내도 있으며, 남편의 수입으론 보통 수준의 생활밖에 할 수 없기 때문에 일하고 싶지 않은 일에 종사하지 않을 수 없는 아내도 포함된다. 겉으론 동일한 라이프스타일을 취하고 있더라도, '스스로 선택한 라이프스타일'과 '강요당한 라이프스타일'을 구별하지 않으면 실태를 파악할 수 없다.

가족의 양극화

지금 일본의 가족에 나타나고 있는 것은 '스스로 좋아하는 라이프스타일을 선택할 수 있는 사람'과 '본인의 의사와 상관없는 라이프스타일을 강요당하는 사람'과의 양극화이다. 전자엔 경제적으로 여유로운 가족이 대부분 포함되며, 후자엔 궁핍한 생활을 할 수밖에 없는 가족이 대부분 포함되지만, 일단 경제적인 것과는 별개로 생각하기로 한다.

지금까지 표준으로 여겨져 온 '남편-일, 아내-가사'라는 샐러리맨-주부형 가족조차 예외는 아니다. 전업주부형 가족도 스스로 희망해서 전업주부가 된 사례와 어쩔 수 없이 전업주부를 하는 사례로 나누어져 간다. 예를 들면 남편의 수입이 안정되어 늘어나고 있으며, 이혼을 요구당할 기색이 없으면 아내는 전업주부로서 안심하고 육아나 자원봉사 활동, 취미 등을 즐길수 있다. 그러나 남편의 수입이 적기 때문에 일하고는 싶은데 보육 환경이 갖추어지지도 않거나 원래 일이 없거나 하는 등의 이유로 취업하지 못하고 보통 수준의 생활이 곤란해지는 전업주부도 있을 것이다.

강요당하는 가족 형태

소망하는 라이프스타일을 실현하기 위해서는 개인의 업무 능력, 성적 매력 그리고 출신(성분)이 영향을 미친다.

업무(수행) 능력이 높은 남성이라면, 수입이 높고 가족을 부양할 장기적인 전망이 서기 때문에, 전업주부가 될 여성이든 일을 계속할 여성이든 선택할 수 있을 것이다. 또한 성적 매력이 충분히 있는 여성이라면, 이혼을 선택했다 하더라도 다른 남성과 재혼할 수 있는 확률은 높아질 것이다. 부모에게 충분한 재산이 있으면 결혼하지 않고 한 평생 프리터로 살아가도 보통 수준의 생활은 가능할 것이다.

역으로 말하면, 업무 능력이 없는 남성인 경우는 애초부터 자신을 결혼상 대로 선택해 주는 여성을 맞이할 수밖에 없고, 또한 성적 매력에 자신이 없는 여성은 이혼을 하고 싶어도 할 수 없을지 모른다. 부모에게 재산이 없는데 프리터로 계속 지내는 경우, 언젠가는 생활이 파탄하리라는 것은 자명하다(이러한 예는 지금의 표준 사회의식을 전제로 한다).

가족 형태가 생활 격차를 좌우한다

자신이 선택한 라이프스타일이든 강요당한 라이프스타일이든, 가족 형태가 생활의 격차에 미치는 영향이 점점 강해진다. '샐러리맨-주부형 가족'의 생활 기반이 안정되어 있던 시대에는, 생활수준 격차가 남편 수입의 격차와 연동되어 있었다. 4장에서 살펴본 것처럼, 남편 수입이 증대하면 극복할 수 없는 격차라고 느끼지 않고 생활할 수 있었다.

그러나 현재의 가족생활을 보면, 남편 수입의 격차 이상으로 가족 상황이 생활수준에 반영된다.

우선 부부의 분업 형태에 의한 격차이다. 비록 남편의 수입이 다소 낮아도 부부가 함께 풀타임 맞벌이가 남편이 혼자 가계를 지탱하는 외벌이 부부보다 훨씬 여유있는 생활을 보낼 수 있을 것이다.

또한 의존할 가족이 있는지 없는지에 따라 격차가 형성된다. 이것은 필자가 말하는 '캥거루족'을 생각하면 이해하기 쉽다. 젊은이에게는 본인의 수입 격차보다 부모에 의지할 수 있는지 없는지에 따라 생활수준의 격차가 난다. 비록 월수입 10만엔의 프리터라도 부모와 동거하며 부모의 집에 살고 전업주부인 어머니 도움을 받고 있으면, 월수가 20만엔인 독신 생활자보다 훨씬 여유있는 생활을 보낼 수 있다.

반대로 돌봐야 할 사람이나 자녀 등 자기에게 의존하는 가족이 있는 것과 없는 것과는 생활수준에 상당한 차이가 생긴다. 즉 가족의 생활을 지탱하는 코스트는 생활수준이 풍요롭게 됨에 따라 상대적으로 높아진다(樋口美雄 財務省財務總合政策研究所編著『日本の所得格差と社會階層』참조).

'강자 연합'과 탈락된 약자

이러한 가족 형태에 의한 격차와 앞서 말한 개인 능력(업무 능력뿐만이 아니라 성적 매력도 포함)의 격차가 보조를 이루어 가족의 양극화가 가속된다.

부부의 역할 분업을 살펴보자. '더글라스-아리사와의 법칙'으로 불리듯이, 전에는 남편의 수입이 낮으면 아내가 취업하여 가계를 보충하기 때문에 아내의 취업은 결과적으로 세대별 년 수입의 평준화에 도움이 되어 왔다.

그러나 최근에는 전체적으로 보면 그러한 경향은 변함이 없으나, 젊은이에 한해서 보면 그 반대의 사례가 발생하고 있다. 3장에서도 보았듯이(도표 3-3), 34세까지의 세대에서는 아내가 풀타임으로 일하는 가정은 남편의 년 수입이 높다. 그 다음으로 전업주부 가정, 그 다음으로 아내가 파트타임의 일을 하는 가정 순이다.

즉 더글라스-아리사와 법칙이 성립되는 것은 남편의 년 수입이 중간 이하인 경우이며, 남편의 년 수입이 높은 경우에는 아내의 년 수입도 높아지는 경향을 나타내고 있다. 이것은 업무 능력이 있는 사람끼리 결혼하고, 결혼 후에도 아내가 취업을 계속하는 '강자 연합'이 성립되고 있는 것을 의미한다. 그리고 여기에 포함되지 않는 약자(수입이나 매력이 낮은 사람들)는 연합할 수도 없으며 미혼인 채로 각각 흩어져 존재하게 된다. 또한 프리터라는 약자끼리 결혼해도, 그것은 '연합'은 되지 않고 서로가 서로에게 '리스크'가 된다.

이러한 경향은 미국에서 현저하다. 최근 년 수입이 높은 남편의 아내 취업률이 높은 한편, 년 수입이 낮은 남편의 아내 취업률은 낮은 채로 있다. 이것은 양극화된 일자리의 전문직끼리 결혼하여 여유 있는 생활을 보내는 경향이 강한 한편, 불안정취업자끼리 결혼하여 남편도 아내도 저수입으로 실업률이 높은 부부가 증가하고 있다는 것을 의미한다. 즉 개인의 수입 격차가 결혼을 통해 확대되고 가족생활의 양극화를 가속시키고 있는 것이다.

일본에서는 남성 수입이 낮으면 의식적으로 결혼하지 않기 때문에, 양극화의 하부에 속하는 인구는 아직 적지만 '속도위반 결혼' 등 업무 능력이 없는 사람끼리 육아 생활을 보낼 수밖에 없는 부부가 증가하고 있어, 앞으로 미국과 같이 양극화가 진행되리라 생각한다.

파트너 없는 사람의 증대

성적 매력에 관해서도 양극화가 진행되고 있다. 남녀간의 교제가 활발해지면 매력이 있는 사람끼리 만나는 확률이 증가하고 그들끼리 결혼하게 된다. 성적 매력이 없는 사람들에게는 좀처럼 결혼이 성립하지 않는다.

이혼 확률의 상승은 이 매력에 의한 양극화를 가속한다. 매력 있는 사람은 이혼하고 매력 없는 사람은 이혼 당한다. 이혼해도 매력이 있는 사람은 재혼하거나 애인을 가질 확률이 높다. 그 결과 몇 번이든 결혼하거나 파트너를 바꾸는 사람도 나오고, 그 반대편에는 한 번도 결혼하지 못하고 애인이 없는 사람도 많아진다. 앞서 예를 든 국립 사회보장인구문제연구소 조사를 통해보아도, 배우자도 애인도 이성 친구도 없는 사람의 비율이 증가하고 있음을 알 수 있다(도표 6-3 참조).

부모와 자식관계의 양극화

부모와 자식과의 관계에도 양극화의 영향이 미치고 있다. 업무 능력이 높고 뉴 이코노미의 현실을 파악하고 있는 부모는 자신의 자녀를 '승자 그룹'으로 만들기 위해, 어릴 때부터 학원이나 사립 중학교 등에 보내 일찍 업무 능력을 키워 핵심·전문노동자로 만들려고 한다. 그 가운데는 중학교나 고등학교 때부터 국제화시대에 부응할 수 있도록 해외에 유학시키는 부모도 나오고 있다. 한편 현실에 민감하지 않은 부모는 육아교육을 방치하지는 않아도 적극적으로 뉴 이코노미에 대응하는 교육을 시키려고 하지 않는다. 대학을 졸업할 때 자녀가 취업할 곳이 없어 처음으로 놀라게 된다. 즉 강자의 부모가 강자의 자녀를 기르고 약자의 부모는 약자의 자녀를 기른다는 격차의 재생산 구조가 되어 있는 것이다.

또한 자녀로부터 부모의 선별도 진행된다. 결혼한 부부의 경우, 양가 부모 가운데 자산이 있는 쪽 부모의 근처에 살고 친분관계도 부자인 부모쪽으로 강해진다고 하는 경향이 나타난다(모두가 그런 것은 아니겠지만).

또한 최근 중고등학생이 부모에게 학대를 받고 있다고 해서 아동보호시설로 스스로 찾아오는 사례가 나타나고 있다(도쿄도 아동상담소 직원으로부터 들은 바에 의하면). 부모 곁이 자신에게 좋은 환경이 아니라 보호시설이 더 좋다고(보호시설은 고등학교까지의 취학을 보증하고 있다) 판단하면 부모는 버려진다. 다른 한편 졸저 『캥거루족 시대』에서 분석한 것처럼, 부모와 있는 것이 편하기 때문에, 부모 곁에 계속 머무는 젊은이가 증가하고 있다는 것은 본서 앞에서 살펴보았던 그대로다.

6-3. 가족의 리스크화·양극화가 초래하는 것

리스크 연기(延期)와 리스크에 빠지는 가족

이와 같이 라이프코스가 리스크화함으로써 양극화 경향이 현저해지면 가족의 안정성이 상실된다. 고도성장기에는 대부분의 사람이 원하기만 하면 안정된 경제 기반 아래서 희망 있는 가족생활을 보낼 수 있었다. 현재는 뉴이코노미에 적응하여 부부 모두 고수입 맞벌이로 풍부한 가족생활을 보내는 가족이나, 우선 남편 수입이 안정되어 샐러리맨-주부형 가족을 유지할 수 있는 가족도 존재한다. 한편 남편 소득이 감소하거나 이혼 등으로 리스크에 빠지는 가족도 많이 나타나고 있으며, 6-1절에서 언급한 것처럼 리스크를 회피하려는 사람도 많아진다. 그 결과 사회적 개인적으론 여러 불합리한 상황이 나타나고 있다.

리스크 연기 결과로서의 소(少)자녀화

1975년 이후 소자녀화가 진전되고 있다(도표 6-6). 그 원인에 관해서는 여러 해석이 있으며, 필자도 『결혼의 사회학』 『캥거루족의 시대』 등의 저서에서 필자 나름대로의 의견을 전개한 바 있다. 1995년경까지는 남성의 수입이 거의 늘어나고 있지 않기 때문에 결혼을 연기한 것으로 분석했다. 즉 풍요로운 생활을 하면서 자녀를 기르기 위해 남성의 수입이 많아질 때까지 결혼을 늦추고 있었던 것이다. 더욱이 1995년 이후는 남성의 수입이 정체되는 것 이상으로, 청년 남성의 수입 기반의 불안정화 즉 리스크화·양극화하여 '출산의 연기' 경향이 강해지고 있다. 국립 사회보장인구문제연구소의 분석에 따르면, 1990년경까지는 소자녀화는 만혼화의 영향에 의한 것이었지만, 최근에는 결혼한 부부의 자녀수도 낮아지고 있다고 한다. 두 명, 세 명의 자녀를 양육하는 것을 리스크로 간주하는 젊은 부부가 증가하고 있다.

도표 6-6 출생수 및 합계특수출생률의 추이

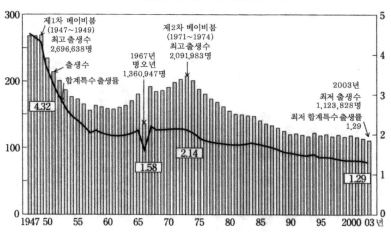

즉 캥거루족이든 DINKS(자녀를 갖지 않는 부부)이든 30대까지는 평생 결혼하지 않거나 평생 자녀를 갖지 않겠다고 생각하는 사람은 적다. 그러나 자녀를 양육하려면 장기적으로 안정된 경제 기반이 필요하다고 생각한다. 그러므로 경제적 기반이 갖추어질 때까지 또는 적어도 전망이 설 때까지 '자녀를 낳아 양육함으로써 풍요로운 생활이 곤란하게 된다고 하는 리스크'를 연기한 결과, 미혼화·소자녀화의 문제가 심각해지는 것이다.

그러나 현실적으로는 리스크화 그리고 양극화 경향은 더욱 깊어지고 있다. 이러한 경향은 반전할 기색이 없기 때문에, 리스크를 연기하는 동안 결혼이나 육아의 기회를 놓치는 사람들이 더욱 더 증가할 것이다. 또한 이혼이 증가하고 있기 때문에, 상대를 정확히 판별하기 위해 결혼을 늦추는 경향도 강해지고 있다.

생활의 곤란에 빠지는 가족

그렇다고 해도 결혼해서 아기를 낳아 기르기만 하면 행복한 가족생활을 보낼 수 있을 만큼 사태는 낙관적이지 않다. 결혼이나 육아가 리스크가 된다는 것은 실제로 리스크를 만나 생활이 곤란해지는 가족도 많아진다는 것을 의미한다.

그 첫째는 임신을 계기로 결혼생활을 시작하는 이른바 '속도위반 결혼'이다. 인구동태 통계분석을 통해 살펴보면, 최근 5년 간 동거를 시작하기 이전에 임신한 사례가 급증하고 있다. 2000년에는 연간 12만 커플 정도로 연간 출산수의 약 1할은 이 경우이다.

속도위반 결혼에도 양극화가 현저하게 나타나고 있다. 두 명이 오랫동안 교제해서 커플 관계나 경제 상황이 안정되어 있고 30세 전후에 임신을 계기로 경사스럽게 결혼신고를 하는 유형이라면 거의 문제는 되지 않는다(나가다 나츠키 永田夏來 가 분석하고 있는 '임신 선행형 결혼'은 대체로 이 유형에 속한다). 그러나 근년 급속히 증가하고 있는 것은 10대나 20대 전반의 속도위반결혼이다(도표 6-7). 두 사람의 수입은 아직 적으며 생활 기반이 갖추어지지 않았음에도 불구하고 레저에 대한 관심이 높다. 이러한 커플의 경우, 자녀의 존재는 생활을 위협하는 리스크를 넘어서 자녀의 존재 자체가 생활에 방해가 되는 것이다. 그 중에서 생활의 불안정화가 심각해지는 1998년이후 자녀 학대가 현저히 증가하고 있다(도표 6-8).

이른바 자녀 학대도 수입이 높은 남성과 결혼한 전업주부가 육아 노이로제로 인해 학대한다는 것이 가끔 보도된 적이 있다. 그러나 현실적으로는 일자리가 없고 유흥비가 없는 빈곤 가운데서 자녀에게 폭력, 유기(遺棄)를 하는 경우가 많다. 전자의 경우엔 카운슬링이 유효하지만, 후자의 경우는 경제적인 문제를 처리하지 않는 한 해결할 수 없는 사태인 것이다.

도표 6-7 속도위반 결혼에 의한 제1자 출생 비율 (%)

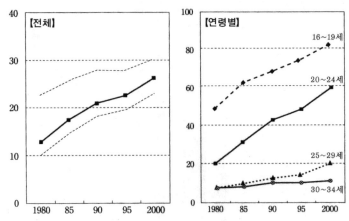

출처: 후생노동부 「출생에 관한 통계 현황」
주: 결혼기간이 임신기간보다 짧은 출생의, 적출자(장남)에서 차지하는 출생구성 비율.
　　왼쪽 도표의 점선은 결혼기간을 월별로 밖에 파악할 수 없어 제한된 폭이다.

도표 6-8 아동학대 상담 처리 건수 추이

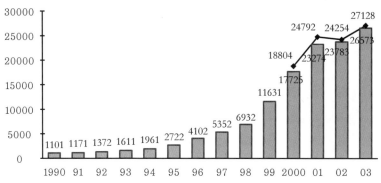

출처: 후생노동부 「2003년도 아동상담소의 육아학대 처리건수 보고」, 「육아상담소의 아동학
　　대 상담처리건수」에서 작성.
주: 꺾은선은 상담 접수 건수

127

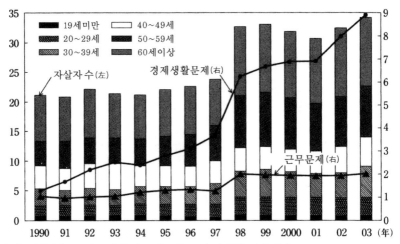

도표 6-9 연령별 자살자수 추이

출처: 경찰청 「2003년도 자살 개요 자료」(2004년 발행)에 의해 작성.
주: 원인·동기별 자살자수(막대그래프)는 1990년과 비교해 신장률이 높은 상위 두 이유를 발췌.

더욱 고용의 불안정화로 인해 중년·노년층 남성의 자살이 증가하고 있다. 특히 1998년에는 자살자 숫자가 급증하고 있다(도표 6-9). 이것도 실업이나 도산 등으로 '샐러리맨-주부형 가족'의 생활기반을 유지할 수 없게 되었을 때, 남편이 자살하여 보험금을 남기면 남아있는 아내와 자식들의 주택이나 생활을 유지할 수 있다는 생각이 가져온 결과의 숫자라 하면 지나친 말일 까? (덧붙여 말하면 스웨덴에서는 자살은 보험금을 받을 수 없기 때문에 불황과 자살 율과는 상관관계가 없다).

버림받는 가족

경제 기반이 갖추어지지 않은 채 자녀가 출생할 리스크, 일가의 돈벌이하 는 사람이 실업할 리스크 등은 누구에게나 일어날 수 있는 사태가 되었다. 물론 자기 능력, 매력, 부모에게 상당한 재산이 있는 사람들은 이러한 리스 크에 빠질 확률은 낮을 것이다. 그러나 반대로 말하면 능력, 매력, 부모의 재산이 없는 사람들 가운데 리스크에 빠져 생활이 파탄되어 보통수준의 생활을 영위할 수 없는 사람들이 증가해 나갈 것이다.

그리고 가족이 리스크화한다는 것은, 반복해서 말하지만, 리스크로부터 사람들을 지키는 집단이 리스크가 된다는 것을 의미한다. 자신의 생활을 지키기 위해선 가족을 버리지 않을 수 없게 된다. 그러한 버림이 이혼이거나, 자녀나 요양 간호자의 유기이거나, 보험금을 목적으로 한 자살이 되기도 하는 것이다.

물론 이것은 어디까지나 '리스크'이며, 오늘날 운 좋게 이러한 리스크에 빠지지 않고 지내는 가족도 많다. 그래서 가족 붕괴의 원인을 '개인적'인 자질에 요구하는 논의가 일어난다. 그러나 잠재적으론 모든 가족이 붕괴 위기에 직면해있다는 것을 전제로 논의할 필요가 있다.

제7장

교육의 불안정화 — 파이프라인의 기능부전

7-1. 교육문제에 대한 시점

교육시스템의 기능

교육은 근대사회의 핵심이다. 근대사회에선 자녀는 부모의 직업을 계승하는 것이 아니기 때문에, 가족에 의해 자라는 자녀를 재통합하여 직업세계에 연결시키는 것은 교육 밖에 없다. 그리고 교육이 끝난 젊은이는 취업, 결혼해서 가족을 형성하고, 또 자녀를 길러 교육시스템에 보내는 교육의 순환이 필요하게 된다. 일본에서는 전후부터 고도성장기에 이르기까지 교육시스템은 이러한 역할을 효율적으로 잘 수행하여왔다.

그러나 1990년대 후반부터 학력 저하나 소년의 비행·범죄, 원조교제, 등교거부, 은둔형외톨이, 결국은 가정내 폭력으로부터 부모 살인 등, 자녀의 발달이나 교육에 얽힌 문제들이 화제가 되어 논의되고 있다.

이런 문제는 사회·경제의 구조 변화, 즉 리스크화와 양극화가 일어나고 있음에도 불구하고 교육시스템, 특히 학교 교육시스템이 이에 대응하지 못하는 것이 큰 요인이라 생각한다. 경제·사회의 구조 변화가 뚜렷해진 1995년 이후, 자녀를 둘러싼 문제가 심각해지고 있다는 사실로부터도 알 수 있다.

학교 교육시스템은 자녀에게 단지 지식을 전달만 하는 기관이 아니다. 사회·경제 시스템 전체에서 교육받는 자녀(와 그 부모) 그리고 사회에서 중요한 역할을 담당하고 있다.

교육은 자녀(와 그 부모)에겐 무엇보다 '계층 상승(혹은 유지)의 수단'이며 사회적으로는 '직업 배분의 도구'인 것이다. 이 두 기능이 위기에 직면하고 있는 것이 오늘날 교육문제의 근간에 있다.

그리고 이 관점에서 교육을 생각하는 것은 주류 교육학자, 교육 관계자(교사나 옛 교육부 등), 교육 평론가, 일부 매스컴에겐 비난받기 십상이다. 종래 교육계 주류의 생각에는 교육의 목적은 인격 완성이라든지, 배우는 것 자체가 즐거움이라든지, 문화의 전달 등이 '본래 모습'이며, 투자라든지 금전적 대가 등 '경제적 이익', 더욱이 '사회적 효율'이란 관점으로부터 교육을 생각하는 것은 좋지 않다는 의견이 강했다. 교육사회학자인 야노 矢野眞和 도 "투자란 관점에서 교육을 생각하는 것은 금기였다"(『敎育社會の設計』)고 한탄하고 있다. 근년에 야시로 나오히로 八代尙宏나 코시오 타카시 小鹽隆士 가 경제학적 관점에서, 야노 矢野 와 카리야 苅谷 등 교육학자중에서도 경제·사회학적 관점에서 교육을 논하게 되었지만, 지금도 교육계 안에서는 예외적으로 취급받고 있다(八代編『市場重視の敎育改革』, 小鹽『敎育を經濟學で考える』, 苅谷『大衆敎育社會のゆくえ』).

인격 완성이나 학습의 기쁨, 문화의 전달이 가장 중요한 교육의 본질이라고 생각하고 있는 현장 교육자가 많을지 모르지만, 그야말로 교육을 받는 측의 욕구나 사회 전체의 요청과는 '격차'가 있다. 이 교육을 받는 측의 욕구와 사회의 요청을 무시한 채 "교육은 전인격의 발달이다", "일평생 배우는 것은 훌륭하다"라는 듣기 좋은 말만 주장되고 있는 것이 일본의 교육문제에 관한 논의를 더욱 어렵게 만들고 있다(모리 시게오 森重雄『モダンのアンスタンス』).

교육은 '수단'이며 그 자체가 목적이 아니라는 것을 가슴 속 깊이 새겨야 한다. 무슨 일도 그것을 하는 것 자체가 목적이 되어 버리면 일종의 '종교'가 되어 버린다. 그리고 교육의 자기목적화를 부추기는 매스컴의 논조가 교육

개혁을 저해하고 있는 한 요인이다.

전근대 사회의 교육시스템

전근대 사회에서는 교양(지식의 습득 자체를 목적으로 한 문화)과 학교 교육
시스템은 분리되어 있었다. 교양은 상류계급에겐 취미의 일종이며, 학교 교
육시스템은 '궁핍한 계층의 상승 수단'으로서 존재하고 있었다. 이 두 유형
은 전혀 다른 사람들에 대해 전혀 다른 역할을 가지고 있었다.

원래 전근대 사회는 계층이 고착되어 있었다. 부모의 직업을 자식이 계승
하는(여성은 아버지와 유사한 직업의 남성과 결혼하는) 것이 원칙이었다. 직업에
필요한 지식은 일을 도우면서, 부모나 감독이나 선배 등 주위 어른으로부터
전수되었다. 상류계급의 경우 유모나 가정교사로부터 집에서 교육을 받았
다. 그래서 많은 사람에겐 학교 교육이란 전혀 관계없는 것이었다.

그런 가운데 학교제도는 부모로부터 전달되는 것과 다른 경로로 존재했
다. 자녀에겐 계층 상승, 즉 부모이상의 직업에 취업할 기회를 갖는 수단으
로서, 사회에 있어서는 사회적으로 필요한 전문지식의 담당자 양성 기관으
로서 존재했다.

고대 바빌로니아의 유물 중에 "글을 배우면 괴로운 육체노동을 하지 않아
도 된다, 열심히 힘내라"라고 쓰여진 점토판이 발굴되었다고 한다. 그들은
육체노동의 괴로움을 면하기 위해 공부한 것으로, 인격의 완성이나 지식의
습득을 목적으로 한 것은 아니다.

리스크 저감(低減) 장치로서의 근대 학교교육시스템

근대사회 이후, 학교 교육시스템은 사회의 존속을 위해 불가결한 것이 되
었다. 그것은 사회생활에 필요한 지식의 증가라고 하는 이유에서가 아니다.
지식 등은 공적인 학교 이외의 장소에서 얼마든지 배울 수 있고, 학교 안에
서 지식을 가르치지 않아도 학교 교육시스템은 기능한다.

4장에서도 언급했지만, 근대사회는 직업의 자유로운 선택을 원칙으로 하

는 사회이다. 부모의 직업을 계승할 필요가 없으며, 개인은 자유롭게 직업을 선택할 수 있다. 그러나 이러한 자유는 개인에게도 사회에도 리스크가 된다. 개인에 있어서는 자신이 좋아서 선택한 직업에 반드시 취업한다는 보증이 없다. 한편 사회에 있어서는 필요한 일에 적합한 사람이 모인다고는 할 수 없다. 개인과 기업 등이 자유경쟁을 실시해서 시간이 흐르면 자동으로 조정된다는 것은 이론적으로는 맞아도 현실적으로는 잘 되지 않는다. 개인에게 시간은 유한하다. 조정하고 있는 동안 나이가 들어 어떤 직업에 종사하고 싶다고 희망해도 좀처럼 취업하지 못하다가, 40세, 50세가 되어선 안 된다는 것을 알고 "다시 하라"는 말을 듣는 것도 곤란하고, "안되어 유감이다. 인생 끝났네"라는 말을 들으면 분노할지도 모른다(실은 이러한 사태가 오늘날 일어나고 있다). 사회에 있어서도 직업의 조정에 시간이 걸리면 사회 전체의 경제적 손실이 된다.

그래서 리스크를 줄이기 위해 발달한 것이 개인과 직업간에 학교 교육시스템을 개입시켜, 어느 학교를 졸업하면 어떤 직업에 종사할 수 있다는 것을 전제로 한다고 하는 메커니즘이다. 그래서 교육을 받는 측은 공부하는 노력을 낭비하지 않고 직업에 종사할 수가 있고, 사회로서는 일정한 교육을 받은 젊은이가 적당한 비율로 직업에 종사하게 된다. 상호간에 리스크가 적은 시스템이다.

파이프라인 시스템

직업 리스크 저감장치로서 학교 교육시스템의 가장 완성된 형태가 전후 일본의 파이프라인 시스템이다.

제4장에서 언급했듯이 개인에겐 학교교육 과정을 통해 자신의 실력에 맞는 장래 직업을 파악할 수가 있었다. 우선 초·중학교라는 굵은 파이프에 들어가면 파이프라인의 첫 분기점은 '고교 수험'이라 불리며 본인의 선택과 적성, 그리고 노력에 따라 다른 파이프에 들어간다. 그 후에도 몇몇 '수험'과 '취업 활동'이라는 분기(分岐)를 거쳐 특정한 직업으로 나가게 된다.

거기엔 대학 수험 실패 등 리스크가 존재하지만, 그것도 겨우 재수생이 되어 1, 2년 '체류'할 뿐, 결국은 파이프라인 안으로 들어와 계속해서 흘러갈 수가 있었다.

스스로의 의지로 파이프라인을 뛰쳐나올 수 있지만, 거기에는 커다란 리스크가 수반되므로 많은 사람들은 파이프라인 안에서 흘러가는 것을 '선택' 했다.

이 시스템의 가장 큰 특징은 쓸데없는 노력을 하지 않고 효율적으로 직업에 종사할 수가 있다는 점이다. 수험은 쓸데없다고 생각하는 사람이 있을지도 모르지만, 어떤 직업에 종사하기 위해 그 일자리에 필요한 지식을 습득하고도, 결국 취업하지 못하고 쓸모없게 되는 것보다는 수험이 좋다. 적어도 수험 공부를 했다는 노력은 합격, 그리고 졸업 후의 직업 보증이라는 형태로 '보상받는다'는 것이다. 보상받는다고 하는 기대는 개인에게 의지를 불러일으킨다(8장 참조). 공부에 있어서는 무엇을 배웠는가가 아니라 공부한다는 노력이 장래 어떻게 보상받을 것인가가 개인에겐 중요한 것이다.

파이프라인 시스템에 의한 계층 상승

경제의 고도성장기에는 이 파이프라인은 직업을 전망하는데 유효했을 뿐만 아니라 계층상승의 수단으로도 기능했다.

당시 경제 구조가 전환되어, 대량생산-대량소비의 기업사회가 발흥하고 확대되어 갔으므로, 중학교 졸업으로부터 대학원 졸업까지, 여러 레벨의 직업에서 젊은이의 수요가 왕성했기 때문이다. 남성에겐 우선 보다 '상위' 레벨의 학교에 들어갈 수가 있으면, '보다 좋은' 직업(큰 기업 규모, 보다 전문적이고, 보다 승진의 속도가 빠르고, 좋은 출발점에 설 수 있는 직업)에 종사하는 것이 '약속'되었다. 조금 노력하면 그 만큼 보다 좋은 취업을 하는 것이 약속되는 시스템이 생겼던 것이다. 교육학자 타케우치 히로시竹內洋 는, 이 시스템이 사람들을 수험 경쟁으로 몰아넣는 지나친 열성주의를 낳았다고 지적하지만, 열성주의가 성립된 것은 수험 공부에 최선의 노력을 다하는 것이 현실적으로 좋은 직업에 취업한다(여성에겐 좋은 직업에 종사하고 있는 남성의 아내가 된다)는 결과로 나타나 보상받았기 때문이라고 말할 수 있다(竹內「學歷中流願望の盛衰と含意」『家計經濟硏究』(학력 중류소망의 성쇠와 함의, 가계경제연구)).

파이프라인 시스템의 문제점

이 시스템의 가장 큰 문제점은 한 번 파이프라인을 타면 라인을 변경하기가 어렵다는 점이다. 이것이 훗날 계속해서 비판받게 된다. 다른 코스로 갈아타고 싶으면 한번 더 파이프라인의 분기점으로 돌아가서 다시 시작할 수밖에 없다. 그러나 이것도 근대 이후 직업을 자유롭게 선택하게 된 이상, 어떤 교육시스템을 만들든지 도중에 진로를 변경하면, 그때까지 배워 온 지식이나 기능의 상당 부분이 쓸모없게 되는 것은 피할 수 없다. 다시 한 번 파이프에 들어가는 노력을 해야 하기 때문에, 앞서 한 노력이 쓸모없게 되는 것은 명백하다.

또 다른 문제점은 파이프라인 시스템의 본질적인 문제이다. 그것은 특정 파이프라인에 들어가 버리면, 거의 자동적으로 직업이 결정된다는 것은 파이프라인 통과 과정의 지식이나 기능 습득보다 파이프라인의 분기 대책, 즉 수험 공부가 중요하게 된다고 하는 점이다.

이에 대해 전후 일본사회는 학교에서의 교육 내용에는 그다지 기대하지 않고, 수험에서의 성적(기초학력이나 인내력의 레벨을 나타낸다)이나 기업 등에 입사 후의 지식, 기능 습득(On the Job Training)을 중시하는 시스템을 취해 왔다. 극단적으로 말하면, 파이프라인을 잘 타기만 하면 특정한 직업을 선택할 수 있다는 전망을 가질 수 있었던 것이다. 교육하는 측에서 보면, 교사가 실용적인 지식을 전달하지 않아도 학생이 스스로 수험 공부를 하고 또 취업한다고 하는 혜택받은 상황에 있었던 것이다.

이 파이프라인 시스템에서 가장 이익을 보고 있었던 것은 실은 교육 내용을 결정한 교육부(당시)거나 각 레벨의 학교, 그리고 그것을 실행하는 교사 집단이었던 것이다. 반대로 파이프라인의 기능이 작동하지 않게 된 지금, 학교에서 가르치는 내용이나 교사의 질이 처음으로 문제시되기 시작한 것이다.

7-2. 교육문제의 근간―파이프라인의 누락

파이프라인의 누락

오늘날 일본 교육에서 나타나고 있는 문제점은 파이프라인 기능이 제대로 작동하지 않는다는 데서 유래한다. 파이프라인이 붕괴된 것은 아니지만 손상되기 시작하여 각처에 균열이 나타나 그곳에서 '누락'이 생기고 있다고 필자는 생각한다. "어떤 파이프라인을 타고 있어야 할 학생이 어느새 파이프라인에 생긴 균열 때문에 빠져나와 밑으로 떨어져 가는 학생들이 생겨났다"고 하는 것이 현상을 가장 잘 나타내는 비유라고 생각한다.

도표 7-1 파이프라인에서 누락

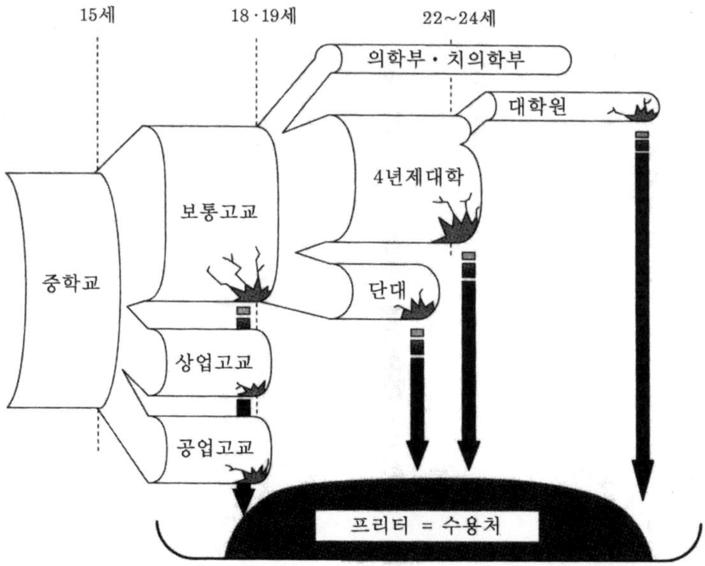

균열로부터의 누락은 대학원–대학 교원으로 연결되는 초고학력 라인으로부터, 고교–기업의 정사원으로 연결되는 고졸 취업코스라고 하는 라인까지, 예외는 있지만, 거의 모든 파이프라인에서 나타나고 있다. 취업의 분기점에서 누락되는 사례도 있고, 중도 퇴학이라는 형태로 누락되는 경우도 있다. 누락되는 학생들의 큰 수용처가 되고 있는 것이 '프리터'라는 카테고리다(도표 7–1). 이 카테고리에는 정사원으로 취업한 후, 실업이나 전직(轉職) 실패라는 형태로 직업 루트로부터 누락되는 것도 추가된다.

중년의 프리터 박사

각 파이프라인에서의 누락 현상을 간단히 언급해 두자. 다만 그 하나하나의 상황을 모두 기술하자면 끝이 없기 때문에 대표적인 것을 채택한다.

우선 대학원이라는 파이프라인에서 상당한 정도의 누락이 생기고 있다.

1980년대까지는 대학원 자체의 수가 적고 정원도 적었다. 또한 진학희망자의 증가로, 대학의 신설도 잇따라 교원의 수요도 커졌다. 그 때문에 박사과정을 수료하기만 하면 어딘가 대학의 교원이 될 수 있다는 기대를 가져도 틀림이 없었고 실제로 가능했다. 그러나 1990년대 문부성(당시)에 의한 대학원의 충실화 정책에 의해, 2003년에는 일본 전국에서 대학원 박사 학위 취득자는 매년 1만 명을 넘게 되었다. 그러나 다른 한편으로, 대학 진학자수는 한계점에 도달하고, 입학자 부족으로 폐교를 면할 수 없게 된 대학도 나타나는 상황에서는, 대학 전임교원이나 연구소의 연구원 수요를 모두 합해도 매년 3,000명 정도 밖에 되지 않는다. 5장에서 이미 말했지만, 계산상 박사과정을 수료해도 대학교수가 일생 될 수 없는 '박사'가 매년 7,000명 이상 탄생하게 되었다. 기업 등은 박사학위 취득자를 별로 채용하려 하지 않으며, 박사과정 수료자도 여기까지 돈과 시간을 투자했으니까, '지금까지 연구한 것을 살릴 수 있도록', 이라는 것보다 '쓸데없게 하고 싶지 않기 때문에', 적어도 어딘가 대학의 교수가 되고 싶어 한다. 그러므로 수료 후에도 시간강사나 학원강사 등 불안정한 고용에 종사하며 생활비를 조달, 연구를 계속하고 논문을 쓰면서 자리가 나올 때까지 몇 년이나 기다리게 된다. 이와 같이 많은 대학원 박사과정 수료자가 파이프라인으로부터 '누락'되어 오버 닥터라는 형태로 머물게 된다. 몇 년간 기다려 자리를 잡으면 좋은 편이며, 앞으로 20년 후에는 정체상태로 이러한 라인을 활용할 수 없는 중년 프리터 박사가 10만 명을 넘어설 것으로 필자는 예상한다. 이 숫자에는 석사과정으로 끝나 박사과정에 진학하지 않은 사람이나 박사과정을 중도에 포기한 사람은 포함되지 않았다. 이 인원을 추가하면 파이프라인에서 누락된 '초고학력 프리터'와 그 예비군의 수는 좀 더 늘어날 것이 틀림없다.

다음으로 공업고등학교라는 파이프라인을 살펴보자.

20년 전까지는 공업고교 졸업생(대부분 남학생)은 상장기업의 공장에 근무하는 확실한 길이 있었다. 고등학교 선생은 성적이나 적성, 근무지의 희망 등을 감안해서 구인을 배분했었다. 그러나 현재는 아무리 고등학교 선생이 노력해도 상장기업의 공장에서 정사원으로서 일할 수 있는 졸업생은 극히 소수다. 기업의 공장 자체가 임금이 싸고 의욕적인 젊은이가 있는 아시아 등 외국으로 탈출하고 있다. 특히 지방 공업고등학교에서는 졸업 후 공원의 경우에도 작은 기업의 계약사원 등 불안정한 일자리 밖에 없다. 특히 이 라인에서는 균열이 크고 '누락되는 학생'이 많다. 그러자 공업과는 관계없는 서비스업 등에서 아르바이트를 하면서 적당한 일자리가 발견될 때까지 기다리게 된다.

내가 인터뷰한 지방 공업고등학교 취업담당교사는 "어쨌든 현지에 일자리가 없다. 그렇다고 해도 학생들은 부모 곁을 떠나고 싶지 않다며 (공원으로 취업할 데가 있는) 나고야지역이나 수도권 등에는 가고 싶어 하지 않는다. 그래서 프리터가 되거나 공업과 관계없는 곳에 취업하기도 하고, 그곳도 곧 이직해 버린다"고 한탄하고 있었다(2002년 11월 청취). 현지를 떠나면 일자리는 있어도 독신생활을 하지 않을 수 없게 되므로 생활수준이 떨어지고, 현지에 남으면 캥거루족이 되어 생활수준은 떨어지지 않지만 적당한 일자리가 없다는 딜레마가 나타나고 있다.

양적으로 가장 많은 '라인'인 어느 일반 문과계 대학생도 예외는 아니다. 1990년 전후 버블경기 시대까지라면 대학을 졸업하기만 하면, 나빠도 중견 기업의 화이트 칼라직, 여성의 경우 상장기업의 일반직은 될 수 있었다. 그러나 5장에서 언급한 것처럼 뉴 이코노미의 진전으로 인해 기업은 핵심 정사원 수를 감축하고 있는 것이다.

도표 7-2 취업내정율과 구인배율 추이

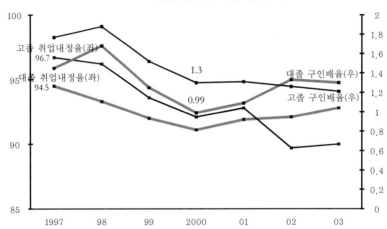

출처: 고졸 취업내정율, 고졸 구인배율은 후생노동성 조사, 대졸 취업내정율은 후생노동성·문부과
　　　학성 공동조사, 대졸 구인배율은 리쿠르트 직업연구소 「대졸 구인배율 조사」에서 작성.
주: 1. '취업내정율'은 취업희망자(내정자+취업 희망 미내정자)에서 차지하는 취업 내정자 비율.
　　　대졸은 4월1일, 고졸은 3월말 현재 조사에 의함.
　　2. '구인배율'은 취업희망자수에서 차지하는 구인수의 비율. 대졸은 4학년의 학기초(4월~5월)
　　　의 조사, 고졸은 3학년의 학년말(3월말 현재)에 의함.

이 라인에도 균열이 생기고 누락이 나타나기 시작했다. 옛 제국대학이나 와세다 早稲田, 케이오 慶應 등 명문대학이라면 몰라도, 많은 대학의 문과계 졸업생 중에는 아무리 취업 활동해도 중견기업의 화이트칼라에도 채용되지 못하는 사람이 나타나고 있다. 그들은 유급을 하거나 대학원 석사과정에 적을 두거나 프리터로서 아르바이트를 하면서, 상장기업의 정사원 채용이나 공무원시험 합격을 목표로 하고 있다. 그 중 일부는 '대졸 화이트칼라'의 일자리를 얻어 파이프라인에 복귀할 수가 있지만, 일부는 그대로 프리터로 머물거나 대졸 학력이 거의 도움이 되지 않는 일자리(세일즈맨, 운전기사, 경비원 등)에 종사하지 않을 수 없게 된다(도표 7-2).

여성의 파이프라인 — 이중 균열

여학생이나 여대생에게도 기존 '여성 파이프라인'에서 누락이 나타나고 있다. 1990년경까지는 상업고등학교나 단기대학, 여자대학 등을 졸업하면 기업의 일반직으로서 채용되었다. 4장에서 언급한 것처럼, 일본에서는 사내 결혼이 많아, 기업에 취업하면 그 기업에 근무하는 수입이 안정된 남성과 알게 되어 결혼하고 안정된 생활을 영위할 수 있는 확률이 높았다. 비록 직장 등에서 알게 되지 않아도 중매 등으로 수입이 안정된 남성과 결혼할 수가 있었다.

그러나 여성에게 '대학 졸업−기업의 일반직−결혼해서 안정된 생활'이라는 파이프라인은 이중으로 균열이 생겨 '누락'되는 사람이 늘고 있다.

첫째 균열은 기업이 일반직 채용을 억제하고 파견사원이나 비정규직으로 바꾸기 시작하면서 정사원 사무직 취업의 길이 좁아지고 있다.

둘째 균열은 안정된 수입을 얻을 수 있는 미혼남성의 수가 급감하여, 기업의 일반직에서 결혼하여 전업주부가 되는 라인에 누락이 생기고 있는 것이다. 이로 인해 결혼해서 남성에게 부양받는 것을 기대하는 여성은 졸업 후 파견사원이나 아르바이트 등을 하며 결혼을 '기다리는' 형태로 정체되는 것이다. 프리터 중에서 이 계층의 수가 가장 많다는 것은 전장에서 이미 언급했다.

각종학교, 전문학교 —'누락'을 전제로 한 새로운 파이프라인

고졸·단기대학졸업·대졸−취업이라는 정규학교 파이프라인의 누락이 많아짐에 따라, 각종 학교나 전문학교가 학교교육시스템 외의 새로운 파이프라인으로서 주목받고 있다. 이는 전통적으로 존재하는 '간호학교−간호사'라는 파이프라인이 하나의 모델이었다.

그러나 근년 나타나고 있는 새로운 유형의 각종 학교, 전문학교는 기존 파이프라인을 대신하거나 보완하는 것은 아니다. 왜냐하면 많은 새로운 직종에서는 처음부터 누락을 전제로 한 파이프라인 밖에 만들 수 없기 때문이다.

예를 들면 애니메이션 등의 발전으로 성우라는 직업이 인지되어 "성우가되고 싶다"고 하는 사람이 증가하고 있다. 그리고 성우학교가 몇 곳이 생겼다. 그러나 현실적으로 성우로서 일할 수 있는 사람은 그 중 일부이다. 또한비행관련 서비스 수험을 위한 전문학교는 있긴 하지만 거기서 실제 항공사에 채용되는 사람은 비상근을 포함해 10퍼센트에도 못 미친다.

처음부터 직업의 수요 이상의 굵은 파이프를 만들어서 학생을 모집하고다수를 누락시키는 시스템이 되어 있는 것이다. 즉 전문학교는 입학은 간단히 할 수 있다. 대학과 달리 학교를 간단히 만들 수 있고 정원도 얼마든지늘릴 수 있기 때문이다. 즉 인기 있는(그다지 공부능력이 필요하지 않고 근사해보이는) 직종을 목표로 하는 파이프라인은 원래 과잉 공급이며 확실히 직업에 취업한다는 보증은 아무것도 없는 것과 같다.

이런 각종 학교는 파이프라인에서 누락된 고졸자, 대졸자의 일시적인 피난처 밖에 되지 않는다. 많은 전문학교, 각종 학교 졸업생은 다시 파이프로부터 '누락되는' 체험을 강요당하게 되는 것이다.

교육시스템의 리스크화와 양극화

여기서 파이프라인 시스템 자체가 소멸한 것은 아니라는 점을 다시 한번확인해 두자.

파이프라인에 균열이 생겨 파이프라인에서 누락되는 '리스크'가 발생해서, '운 좋게 혹은 실력에 의해' 파이프라인을 계속 흘러가며 실력에 맞는안정된 일자리에 도달하는 사람과 파이프라인 도중에서 누락되어 '졸업장'을 사용하지 못하고 아르바이트 등을 하지 않을 수 없는 사람의 격차가 확대되고 있다.

앞의 예를 들면, 박사학위 취득자 중에서 능력이 특별히 뛰어나거나 우연히 연구 분야의 수요가 높아져 학과 등 신설이 있는 운을 타고나는 30퍼센트의 사람은 비교적 안정된 고수입의 연구직에 종사할 수가 있다. 한편 거기에서 누락된 사람은 일생 수입은 낮고 불안정한 상태로 머물게 된다.

파이프라인을 흘러가는 개인에겐 '누락될 것인가' '계속 흘러갈 수 있는가'가 인생을 구별하는 중요한 포인트가 된다. 계속 잘 흘러가서 안정된 일자리에 도착한 사람은 '승자 그룹'으로서 직업 생활을 시작할 수 있다. 그러나 누락된 사람은 '패자 그룹'으로서 직업 생활을 시작하게 된다. 프리터가 되어, 계속 흘러가는 사람에 비해 불안정하고 장래를 기대할 수 없는 직업을 택하지 않을 수 없게 되거나, 다른 길을 택하기 위해 여분의 고생을 해야 하거나 한다. 그리고 파이프라인을 흘러가고 있는 동안, 어느 쪽이 될 것인가는 사전에 알 수 없기 때문에 '리스크'라 할 수 있는 것이다.

파이프라인을 계속 흘러가는 사람과 누락되는 사람과의 '질적 격차'란 '노력을 보상 받거나 받지 못하는' 격차이다. 즉 파이프라인에서 누락된 사람은 파이프라인에 들어가기 위해 소비한 노력이 완전히 쓸모없게 되는 경험을 하게 된다.

'누락되는' 리스크 강요

그리고 중요한 것은 누락 없는 파이프라인이 한정되어 간다는 점이다. 어느 직업에 종사하고 싶다면, 예를 들어 대학교수가 되고 싶다면 될 수 없는 리스크도 있다는 것을 각오하고 대학원 박사과정에 진학해야 한다. 상장기업의 화이트칼라에 종사하고 싶다면 될 수 없는 리스크도 있다는 것을 각오하고 문과계 대학에 입학해야 한다. 원하는 취업을 할 수 없는 리스크를 인식했다 하더라도, 어쨌든 파이프라인에 속하지 않으면 애초 그 직업에는 취업할 수 없다. 파이프라인에서 스스로 누락되어 버리면 원하는 직업에 취업할 전망은 없다.

즉 이 학교에 들어가기만 하면 어떤 직업에 취업할 수 있다고 하는 확실

성은 없어졌지만, 학교에 들어가지 않으면 확실성은커녕 가능성조차 없는
상황이다. 청소년은 교육과정에서 파이프라인에 들어가 리스크를 취하는
것을 강요받는 것이다. 이것이 교육시스템에서 나타나는 리스크의 보편화
이다.

교육시스템에서의 이중의 양극화

파이프라인 중에도 보다 안전한 파이프라인과 보다 위험한 파이프라인이
존재한다. 의학부 코스는 지금도 꽤 안전한 파이프라인이다. 공과대학이나
간호학교도 안전도는 높다. 한편 인문대학원이나 수능점수가 하위인 고등학
교는 꽤 누락이 많으며, 도서관 사서, 카운슬러 등은 분명하게 공급과잉으
로 대학 졸업자가 그대로 전임 자리에 있는 것이 신기할 정도의 파이프라인
이다.

즉 교육시스템의 양극화가 이중화되고 있다. 교육시스템의 파이프라인에
서 보면, 안전한 파이프라인을 타고 있는 사람과 위험한 파이프라인을 타고
있는 사람이라는 격차가 벌어진다. 그 위에 각 파이프라인에 있어서 '계속
타고 가는 사람'과 '누락되는 사람'이라는 형태로 격차가 벌어진다.

부모의 영향력 증대

그리고 어느 파이프라인에 들어갔는지에 의한 격차, 파이프라인을 계속
탈는지 누락되는지에 따른 격차는, 본인의 희망이나 노력이라는 요인도 있
지만, 부모의 지식과 경제력이 영향을 준다(도표 7-3). 지식이 있는 부모는,
자신의 자녀에게 누락이 많은 파이프라인을 권하지 않고, 경제력이 있으면
자녀를 보다 안전한 파이프라인으로 보낼 수가 있기 때문이다. 또한 경제적,
지적으로 풍부한 부모라면, 어느 파이프라인에 들어가도 균열로부터 누락되
지 않게 조언하거나 인맥을 사용함으로써 자녀를 도울 수가 있다.

고도성장기라면 부모의 능력이나 재력과는 관계없이 '학교에 들어가기만
하면' 직업을 갖는 것이 보증되었다. 그러나 지금은 학교에 들어가는 것이

일자리를 보증하지 않기 때문에 오히려 부모의 영향력이 강해지는 것이다.

도표 7-3 부모의 계층별 중학생시절 성적(자기 평가)

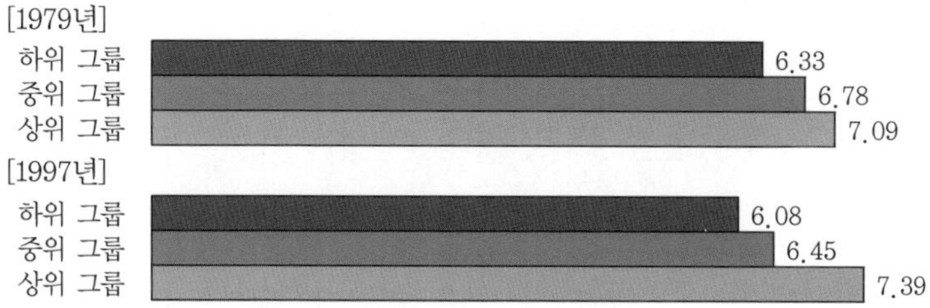

[1979년]
하위 그룹 6.33
중위 그룹 6.78
상위 그룹 7.09

[1997년]
하위 그룹 6.08
중위 그룹 6.45
상위 그룹 7.39

출처: 가리야 타카히코 『계급화하는 일본과 교육의 위기』

누락이 생기는 이유

파이프라인에 누락이 생긴 근본 이유는 사회경제의 구조가 전환된 데에 있다. 청소년 의식이 바뀌었기 때문은 아니다. 이것을 직업 측면과 학교 측면이라는 두 요인으로 나누어 생각해 보자.

직업 측면에서는 파이프라인 누락의 최대 원인은, 5장에서 본 것처럼, 뉴 이코노미의 진전에 의한 직업의 양극화에 있다. 입사하여 경험을 쌓아가는 과거형 일자리는 감소하고, 소수 전문 핵심노동자와 교체가능한 단순노동자로 나뉘어 간다. 능력이 있으며 장래가 유망하다고 판정된 대학 졸업자는 남성이든 여성이든 소수인원만 받아들여 사내에서 훈련한다. 그 대신 대졸이든 남성이든 '교체가 가능하다'고 보여 불필요하다고 판정되면, 애초에 정사원으로는 채용하지 않는다. 그 대신 기업은 파견사원이나 아르바이트로 단순 노동력을 조달한다. 졸업할 때 '프리즘 분해'(5장 참조)되어 결국 파이프라인에서 누락되는 것이다.

대학 졸업자의 과잉 공급

다음으로 학교 측면의 이유를 살펴보자. 학교를 직업(인력) 수요 이상으로 너무 만든 것 혹은 직업(인력)의 수요가 감소하고 있음에도 불구하고 학교

수가 줄어들지 않는 것도 누락이 커지게 된 원인이다. 파이프라인 비유를 통해 설명하자면, 교육 과정에서 파이프 굵기가 더욱 더 굵어지는데, 파이프 출구는 변함없거나 또는 좁아지고 있기 때문에 균열이 나타나고 누락이 생기는 것은 당연하다. 고도성장기에는 직업(인력)의 수요가 대학 졸업자 즉 공급을 웃돌고 있었다. 말하자면 파이프 자체가 좁고 출구는 넓었던 것이다. 지금 일어나고 있는 현상은 그 반대의 사태이다.

그러나 한 번 만들어진 파이프라인을 수요가 없어졌다고 해서 곧 가늘게 할 수 있는 것은 아니다. 일본의 교육시스템에서는 직업(인력)의 수요가 감소해도 그 수요에 대응하여 파이프라인이 가늘어지는 것은 아니다(몇 안 되는 예외가 의과대학, 치과대학이며, 수요 전망에 의해 입학 인원수를 자주적으로 통제하고 있다). 즉 학교는 없어지지 않는다. 그것은 파이프 끝이 조금이라도 연결되어 있으면, 비록 균열이 커져 대부분의 학생들이 누락되더라도 우선 학생들은 모인다. 일본에서는 중등교육은 물론 고등교육, 대학원 교육의 비용도, 본인이 아니라 거의 부모가 부담하기 때문이다. 부모가 부담하기 때문에 본인에겐 경제적 리스크는 기회비용을 제외하면 발생하지 않는다.

학교 시스템의 비대화는 대학원에서도 나타나지만, 도서관 사서나 박물관 학예원, 카운슬러 등은 직업으로서 인기가 있으며, 그러한 자격을 획득할 수 있는 교육과정(결국은 파이프라인)은 학생이 몰려든다. 그러나 실제 수요 이상으로 학생이 공급되기 때문에, 희망하는 직업에 취업하지 못하는 사람이 대량 발생하게 된다. 그러한 인기 직업에서는 비정규로 저임금의 아르바이트라 하더라도 일자리를 얻을 수 있으면 차라리 좋다고 말해지는 상황이다.

기대절하의 곤란

"취업 레벨을 낮추는 게 좋다" "자신의 능력에 알맞은 취업을 해야 한다"는 말들이 있다. 그리고 실제로 공무원시험 등에서는 고졸 정도의 시험에 대졸자가 많이 응시하는 경우가 있다. 그러나 레벨을 낮추는 것은 심리적으로 좀처럼 불가능하다. 상위 레벨을 목표로 한 수험 공부, 노력 등을 '헛되게' 하는 행동이기 때문이다.

특히 과거의 파이프라인을 알고 있으며 자녀에게 고액의 교육 투자를 하고 있는 부모는, 자신의 자녀가 파이프라인으로부터 누락되는 것을 인정하려 않는다. 이만큼 자신의 즐거움을 희생하며 교육비를 지불하고 상급 학교에 보냈으니까, 당연히 부모가 희망하는 대로 취업을 해 줄 것이라고 기대하고 있다. 투자가 쓸모없게 되는 것을 두려워하고 있는 쪽은 자녀의 부모다.

필자의 대학에는 대졸 수준의 지방공무원 시험에 현역으로 떨어진 여학생이 있었다(졸업 후 합격). 그녀는 그 때 부친(고졸)에게 "국립대학에 들어갔는데 공무원도 못되는가" 하고 꾸지람을 들었다 한다. 그녀의 부모가 젊었을 무렵은 국립대학에 들어갈 수 있으면 지방공무원이 되는 것은 용이했다. 그러나 지금은 몇 십배의 지원자가 몰려드는 시대다. 안전한 파이프라인의 존재를 더욱더 믿고 있는 것은 부모의 편일지도 모른다.

7-3. 학교교육시스템의 붕괴

파이프라인 시스템──안심, 건전한 포기, 의지의 공급

고도성장기에 기능한 파이프라인 시스템은 교육받는 학생 본인에게 다음과 같은 대인적(對人的) 기능을 가지고 있었다.

①능력에 어울리는 일자리로 내보내는 기능 : 어느 정도의 학교를 나오면 어느 정도의 능력이 있으며 어느 정도의 취업을 할 수 있다는 확실한 전망을 가질 수 있다.

②과대한 기대를 '포기시키는' 기능 : 입학할 수 없으면, 즉 파이프라인에 들어갈 수 없으면, 그 일자리는 포기하는 것이 좋다고 하는 형태로, 이상과 현실의 격차를 줄여 취업하기 전에 타협시키는 기능.

③계층 상승의 기능 : 열심히 공부해서 상급 학교에 들어가기만 하면, 즉

부모 이상의 파이프라인에 들어가기만 하면 부모이상의 풍요로운 생활이 약속된다.

그 결과 당시 청소년에게 '안심감' '건전한 포기' '의지'를 제공하고 있었던 것이다. 학교에 들어가기만 하면 일자리로부터 누락되는 불안을 느낄 일은 없었다. 그리고 모든 희망이 실현되는 것은 아니라고 하는 현실을 배울 수가 있어, 상급 학교에 들어가서 졸업하기 위해 열심히 공부하려는 '의욕'을 가질 수가 있었다.

파이프라인의 리스크화와 양극화가 초래하는 것

파이프라인에 누락이 생겨 누락되는 양이 계속 증가하게 되면 일본의 학교교육시스템으로부터 '직업의 보증' '포기' '계층 상승'의 기능이 상실되어 간다. 이것은 특별히 뛰어난 능력을 가지고 있지 않은 많은 청소년에게 '장래불안'과 '과대한 기대'와 '의지의 상실'을 가져온다. 그 결과 청소년이 교육에 대해 갖는 희망에 격차가 생긴다. 이것이 현재 일본 교육의 가장 뿌리 깊은 문제이다.

① 학력에 걸맞은 취업을 못하는 리스크의 증대 ─ '불안감의 확대'

파이프라인의 누락으로 인해, 학교를 졸업해도 그 학력이 원하는 직업에 취업할 수 있다고는 할 수 없다. 이것은 교육을 받는 청소년으로부터 보면, 어느 정도의 학교를 나오면 어느 정도에 취업할 수 있다는 확실한 전망이 상실되는 것을 의미한다. 그러면 학교에 있는 청소년은 "원하는 취업을 할 수 없게 될지도 모른다"는 불안에 노출된다.

여기서 문제는 많은 파이프라인에서 학교 성적은 취업에 거의 아무런 도움이 되지 않는다는 것이다. 지식이 도움이 되지 않는다는 것이 아니라, 학교에서 노력해서 아무리 좋은 성적을 받아도, 그것이 취업이라는 형태론 보상받지 못한다는 것이다. 파이프라인이 누락되지 않았던 시절은 학교 공부에 몰두해도 손해는 없었다. 우선 졸업하는 것이 취업의 조건이었기 때문이다. 그러나 파이프라인이 누락되어 있을 때는, 학교 밖에서 취업 활동이나 취업 시험공부라는 노력을 한 측이 최종적인 취업에 유리하다. 그러므로 대학을 필두로 공부, 학습이 공허하게 된다. 그 중에는 대학 자체가 취업 예비 학교화 하는 곳도 나타나고 있다.

그러나 그렇다고 해서 대학을 비롯하여 보다 상급 학교에 가지 않으면 상황은 더욱 악화된다. 좋은 취업을 하기 위해서는 균열이 적은 파이프라인, 즉 보다 편차가 높고 일자리에서 탈락되지 않는 의학부 등에 들어가는 것이 필요하고, 일부 대학과 학부에서는 수험 경쟁이 격화되고 있는 것이다.

균열이 적은 파이프라인에 들어가지 않은 많은 청소년은 "대학에 가도 어쩔 수 없지만, 대학에 가지 않으면 더욱 나빠진다"는 이유 때문에 진학하게 됨으로써 그들의 의욕이 저하되는 것은 피할 수 없다.

② 포기할 기회가 없어진다 ― '과도한 기대의 확산'

고도성장기에는 파이프라인이 확고했기 때문에 학교에 들어가면 그에 상당한 직업이 보장되었다. 반대로 말하면, 특정 학교에 들어가지 못하면 취업하는 것을 '포기할' 수밖에 없었다. 수험의 실패라는 사실이 청소년들에게 '분별력 있는 체념'을 받아들이게 하고 있었다. 그러나 지금은 포기할 기회 정확히 말하면 '체념을 받아들일 기회'조차 사라지고 있다.

현재 학교(대학원부터 각종 학교에 이르기까지)는 비대화하여 입학자를 직업의 수요 이상으로 받아들인다. 그 결과 취업할 확률이 낮아진다. 그렇게 되면 청소년은 어느 시점에서 취업하는 것을 포기해야할 지 모르게 된다. 더욱이 세상에는 "자신이 하고 싶은 것을 직업으로 삼는다" "단순한 샐러리맨이나 주부는 시시하다"는 말들이 흘러넘치고 있다.

그러나 인생은 무한하지 않다. 나이만은 확실히 들어간다. 자신이 생각했던 대로 취업할 수 있을지도 모른다는 기대만 갖게 함으로써, 포기하는 것을 늦추고 있는 것이 현실이다. 간단히 들어갈 수 있는 대학원으로부터 각종학교, 자격 취득을 목적으로 한 통신교육, 손쉽게 갈 수 있는 해외 어학연수 등, 체념을 연기하는 장치는 다양하다. 그리고 그들 상당수는 캥거루족이므로 부모와 동거하고 있으면 연기해도 생활은 가능하다. 그 가운데 희망하는 취업을 할 수 있는 사람도 일부 나오지만, 학교 졸업 후 몇 십 년이 지나고 나서, 결국은 "유감이네"라는 말을 들을 사람도 꽤 나올 것으로 예상된다.

카리야苅谷는 정밀 분석을 한 후 "학력이 낮은 학생일수록 현상을 긍정하는 감정이 강하다"고 결론짓고 있다(도표 7-4, 苅谷『階層化日本と教育危機』(계층화된 일본과 교육의 위기)).

도표 7-4 부모 계층별 자녀의 학습의욕

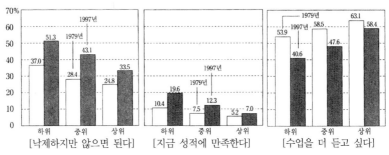

출처: 카리야「계층화사회 일본과 교육의 위기」(苅谷『階層化日本と教育危機』)

이것은 아직 파이프라인을 계속 타는 것을 기대할 수 있는 학력 상위자는 불안감을 가지지만, 파이프라인에서 누락될 확률이 큰 학력 등이 낮은 청소년은 학교 이외의 곳에서 '과대한 기대'를 가지는 것 외에, 현실을 따라가는 방법이 없어졌다는 것을 의미한다. 이것도 자신은 무엇이라도 될 수 있다는 자신에 대한 '과대평가'를 제어하는 것이 상실된 결과라 생각된다.

③ "공부해서 진학하는 것이 장래에 좋다"는 기대가 상실된다

파이프라인의 누락이 없었던 시대는 상급 학교(학력이나 입학점수가 높은 학교, 학부)에 가는 것이 장래의 좋은 생활과 연결되어 있었다. 남성이라면 현재보다 수입이 높은 직장에 취업을 할 수가 있고, 여성이라면 높은 수입의 남성과 결혼할 가능성이 높아졌다. 그래서 공부나 진학에 '의욕적으로 임하

는' 것이 가능했던 것이다.

그러나 파이프라인에 누락이 생기면, 학교에 가서 열심히 공부해도 학교를 졸업하면 취업가능하다고 기대하고 있는 직업에 취업할 수 없는 가능성이 있다. 즉 모처럼 노력해서 보다 수능점수가 높은 학교에 가도 그 노력이 쓸모없게 될 가능성이 커지고 있다.

또한 여성에 관해 말하면, 남성과 알게 될 기회가 다양화하고 있다. 학교나 직장에서 알게 되지 않아도, 다양한 기회를 이용하면 '수입이 높은 남성'과 사귀어 결혼하고 풍요로운 생활을 보낼 가능성도 있다(이 전략 자체가 위험성이 있다는 것은 6장에서 이미 언급했다).

이와 같이 열심히 공부해도 보상받지 못한다는 리스크에 직면하면 청소년은 갑자기 의지를 잃게 된다. 특히 파이프라인에 커다란 균열이 생긴 '고졸 코스'밖에 탈 수 없다고 느끼면 공부할 의지는 한층 더 떨어진다. 필자가 참가한 도쿄도의 초·중학생 조사에서도 '공부에 자신이 없다'고 자각하는 학생일수록 노력에 대한 무력감이 강하게 나타나고 있다(도표 7-5).

도표 7-5 성적별, 사회에 대한 신뢰감

		지금 열심히 공부하면 장래 도움이 될 것이라고 생각하는가?			
		그렇다	그럴 것 같다	아닐 것 같다	그렇지 않다
공부	할 수 있다(364명)	55.8	33.2	8.8	2.2
	할 수 없다(331명)	41.7	36.9	16.3	5.1
친구	많다(581명)	52.0	32.9	12.0	3.1
	적다(113명)	34.5	45.1	14.2	6.2

출처: 도쿄도 생활문화국『부모와 자녀 관계에 관한 조사보고서』(東京都生活文化局『親子關係に關する調査報告書』)

대안의 부재

그런데도 많은 청소년은 파이프라인에 매달려 취업할 날을 기다릴 수밖에 없다. 그밖에 길이 없기 때문이다. 그러면 '장래에 대한 확실한 전망을 가지지 못한 채' '포기할 기회가 없이 과대한 기대를 가지도록 강요당하고',

'열심히 공부해도 장래 풍요하게 살 수 있는 전망이 없는' 상황에 청소년은 처하게 된다.

반복해서 말하지만 파이프라인 자체는 엄연히 존재하고 있다. 아무리 균열이 생겼다고 해도, 그 파이프라인에 들어가지 않으면, 즉 학교 시스템에 파고들어가지 않으면 상황은 더욱 나빠진다. 대졸조차 취업이 어려운데, 대졸이 아닌 사람이 채용될 확률은 더욱 낮다.

예를 들면 '창업'이라는 선택지가 있어 학생시절 또는 회사를 그만두고 창업해서 성공한 예가 보도되고 추천된다. 그러나 창업은 대체로 인맥이나 자금력 그리고 당연한 일이지만 그 분야에서 뛰어난 능력이 없으면 잘 되지 않는다. 젊어서 독립·창업해서 성공한 사람은 기업에 남아 있더라도 출세하고 승진할 수 있었던, 결국 뉴 이코노미에서 핵심 정사원이 될 수 있었던 사람이다.

도표 7-6 정사원에 비해 낮은 프리터의 PC (처리)능력

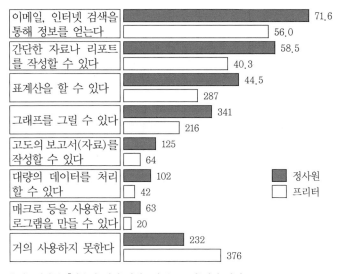

출처: 내각부 「젊은이 의식 실태조사」(2003년)에서 작성.
주: 1. 프리터란 학생, 주부를 제외한 젊은이 가운데 파트/아르바이트(파견 등을 포함) 또는 일할 의욕이 있는 무직자. 2. 회답자는 전국 20~34세 남녀 1849명. 복수 회답.

능력은 있는데 성격적으로 파이프(학교)가 맞지 않아 스스로 파이프라인에서 벗어난 인간이라면 창업해서 성공도 기대할 수 있다. 그러나 그렇지 않고 파이프에서 누락된 사람이 창업해서 성공할 전망은 매우 낮다. 내각부 조사에서도 프리터는 PC(처리)능력이 낮은 것으로 지적되고 있다(도표 7-6). 원래 기업에 채용되지 않는 사람이 프리터가 되는 비율이 크다.

교육시스템의 '도미노 붕괴'

즉 일본의 교육 상황은 고도성장기에 유효하게 기능했던 파이프라인 시스템에 균열이 생겼기 때문에, '도미노 붕괴'라 해야 할 현상이 나타나고 있다. 직업의 양극화, 리스크화의 파괴적 영향이 도미노 붕괴와 같이 대학에서 고교, 중학, 초등학교에로 파급되고 있다. 대학을 나와도 그 학력에 적당한 일자리가 없을지도 모르고, 대학에 들어가도 어쩔 수 없을지도 모르며, 고등학교에서 공부해도 어쩔 수 없을지도 모른다. 그러한 형태로 공부에 대한 의욕의 저하가 순서대로 전 단계의 학교에 파급된다.

직업고등학교 등의 특히 누락이 많은 파이프라인에 들어갈 수밖에 없는 학생은 매우 희망을 상실한 상태에 놓이게 되는 것이다.

학력 저하는 결코 교사의 교육 방법이 현저히 서투르기 때문이 아니고(고도성장기에도 능숙하다고는 말할 수 없었다), 부모가 공부시키지 않기 때문도 아니며, 암기식 수험공부의 탓도 아니다. 학교에서 공부해도 취업과 결부되지 않는 즉 '공부해도 어쩔 수 없다'는 사실이 엄연히 모습을 드러내고 있기 때문이다. 그리고 등교한다는 노력이 장래 보상받지 못한다는 것을 알면 등교 거부나 독거외톨이를 유발한다. 미래를 설계할 수 없는 청소년은 학교(공부) 이외의 즐거움에 빠지게 된다. 무력감을 충족하기 위해, 자신을 관대하게 평가하는 비현실적인 '꿈'에 빠지는 젊은이가 증가한다. 그리고 미래에 절망하면 포기상태가 되어 비행이나 범죄 등에 손을 대는 학생도 나타난다(이는 8장에서 상술한다).

제8장

희망의 상실 — 리스크로부터의 도주

8-1. 젊은이의 의식은 바뀌었는가?

불안정한 사회 속에서의 사회의식

앞 5장 6장 7장에서, 현대 일본사회에는 생활의 각 영역에서 리스크화·양극화가 나타나고 생활이 불안정해지고 있다는 현실을 살펴보았다.

직업의 분야에서는, 뉴 이코노미라는 새로운 경제 시스템이 침투하여 고용이 불안정해지고 있다. 특히 그 영향을 받는 젊은이에 장래 전망이 없는 프리터가 대량으로 나타나고 있다. 가족 분야에서는, 개인화가 진전되어 가족이라 해도 완전히 신뢰를 할 수 없게 되었다. 특히 젊은이에겐 미혼, 이혼 리스크가 높아져, 장래 라이프코스를 설계할 수 없는 사태가 발생하고 있다. 교육 분야에서는, 파이프라인 시스템에 균열이 생기고 누락이 확대되어, 학교를 졸업하는 것이 장래 생활이 보장되지 않게 되어 청소년이 의지를 상실하고 있다.

이러한 상황은 단지 경제생활이 불안정하게 되어 장래를 예측할 수 없는 사람이 증가한다고 하는 외면적인 문제를 발생시키는 것만이 아니다. 사람들의 심리나 의식이라는 내면적인 것에도 큰 영향을 미친다.

이미 2장에서 리스크화의 진전이 "운에 의지한다"는 심리 경향을 강하게 한다는 것과, 3장에서 양극화가 초래하는 것은 아나나 의욕을 상실하게 하는 면을 논하고 사람들이 희망의 격차를 가지게 되는 논리를 살펴보았다.

이 장에서는 생활이 불안정해지는 가운데, 사람들 특히 젊은이의 의식 변화를 살펴보려 한다. 젊은이에게 초점을 맞추는 것은 1995년경부터 시작된 사회 불안정화의 물결에 처음으로 노출된 것이 오늘날의 젊은이이기 때문이다.

젊은이는 언제나 불안정했던 것인가?

"요즘 젊은이들 못됐다"는 말이 종종 들린다. 한편 그에 대한 반론으로 "몇 십 년 전부터 아니 3천년 전 고대 바빌로니아 시대로부터 젊은이는 괘씸하다고 한탄하는 중년이 존재했다. 따라서 지금이나 옛날이나 중년·노년층이 젊은이에게 불만을 표명하는 것은 당연하다"는 의견을 말하는 사람도 있다.

예로부터 젊은이는 본질적으로 불안정한 존재다. 특히 근대 자유주의사회에서는 직업이나 결혼상대는 미리 정해져 있는 것이 아니다. 일이나 배우자를 찾기 위해서는, 시행착오를 겪으면서 생활하는 것이 청년기의 특징이다. 그래서 젊은이가 불안정한 것을 걱정할 필요가 없다고 하는 의견도 있다.

또 청년은 사회의 새로운 경향을 선취하여 사회를 변혁하는 에너지를 갖고 있기 때문에, 젊은이가 불만을 가지거나 새로운 행동을 취하거나 하며 연장자를 화나게 하는 것은 당연한 일이라는 견해도 있다.

젊은이를 둘러싼 현대사회의 상황

그러나 오늘날 젊은이를 둘러싼 사회 상황은 과거 상황과 두 가지 점에서 질적으로 차이가 있다. 앞서 말한 젊은이론(본질적으로 불안정하고 본질적으로 혁신적이라는 의견)에 대한 반론을 언급해 둔다.

확실히 젊은이는 예로부터 불안정한 존재였다. 그러나 전후부터 고도성장기 그리고 1990년경까지는 시행착오 후에 '안정된 생활'을 기대할 수 있었다. '시행착오'는 안정된 생활, 라이프코스를 얻기 위한 수단이었다. 따라서 청년기의 불안정함은 안정된 성년에 이르기까지의 과도기라고 평가할 수 있었다.

하지만 오늘날 젊은이가 직면하고 있는 것은 지금도 불안정하지만 장래의 안정성도 기대할 수 없다고 하는 현실이다. 양극화가 진행되어 안정된 장래를 전망할 수 있는 상황·능력을 타고난 젊은이도 비록 적은 수이나 존재하지만, 실업 불안은 물론이고 처음부터 안정된 취업을 할 수 없는 젊은이, 이혼 불안은 말할 것도 없고 결혼하고 싶어도 할 수 없는 젊은이가 증가하고 있다. 같은 불안정한 상황에서도, 고도성장기와 같이 조금 노력하면 안정된 생활(직업, 결혼)을 전망할 수 있는 상황과, 오늘날의 일본과 같이 노력하거나 하지 않거나 지금 당장 일생 불안정한 상태가 계속된다고 전망되는 상황에서는 젊은이들에게 미치는 심리적 영향은 달라진다.

다음으로, 젊은이들의 이해하기 어려운 행동은 사회의 새로운 경향을 앞서 받아들이고 사회 혁신의 에너지가 된다고 하는 의견에 대해서도 의문을 제기하고자 한다.

한 시대 전에는 사회란 시대와 함께 진보하고 미래의 생활은 현재보다 풍요로워진다는 신화를 믿을 수 있었다. 그런 시대에는 청년은 '집단적으로' 사회 혁신의 담당자라 평가하는 것이 가능했다.

그러나 1970년대 이후 경제성장이 둔화되고 1990년대 후반부터는 제로성장이라 해도 과언이 아닌 상황이다. 경제적 성장뿐만이 아니라 의식적으로도, 옛날에는 경제학자 뮈르달의 '성장의 한계론'이나 최근에는 히로이 요시노리廣井良典 의 '정상사회론'이 상징하듯이, 경제성장은 가능하며 또한 좋은 것이라는 신화에 점차 의문이 생기고 있다.

필자가 참가한 도쿄도의 소년조사(2002년)에서는, 1장 서두에 밝힌 바와 같이(도표 1-2), "어른이 될 때쯤은 지금보다 풍요로울 것이다"는 회답은 초등학교 5학년에서는 48.8%이지만, 다소 세상을 알게 되는 중학교 2학년이 되면 22.8%까지 낮아진다. 그리고 "자신이 노력해도 사회가 나아지지 않는다"는 설문에는 61.3% 소년이 '예'라고 대답하고 있다. 이 또한 1장에서 제시한 것처럼, 필자가 실시한 젊은이 조사(25-34세)에서도 일본이 장래에 지금보다 풍요롭지 않을 것이라는 대답은 64.5%에 이른다(도표 1-1).

사회가 전체적으로 발전하지 않으면 젊은이의 혁신적 가치는 저하된다. 그 이상으로 지금부터 사회에 진출하는 젊은이들의 존재 의의가 없어진다. 이런 상황에서는 젊은이들이 '장래에 대한 희망'을 가지기란 매우 힘들다.

사회의식은 경제·사회 상황을 반영한다

'사회의식'이란 어느 정도 경제·사회적 상황의 반영이다. 특히 성장 과정에서, 이제부터 사회에 참가하려는 젊은이에겐 현재의 경제·사회 상황이 의식에 반영되기 쉬운 것은 말할 필요도 없다.

"현재도 미래도 불안정", "내일은 지금보다 풍요로운 사회가 되지 않는다", "양극화가 진행되어 상하 격차가 심화된다"는 현실(이것 자체는 현재 상황을 기초로 한 하나의 예측이지만)을 바라보면 젊은이는 어떠한 사회의식을 가질 것인가? 적어도 '불안감'을 느낄 것은 틀림이 없다.

매스컴 등이 "미래 사회가 불안정해진다"고 불안을 부추기는 것은 좋지 않다는 의견도 있다. 확실히 젊은이는 그 불안에 의해 행동하고 정말로 불안정한 사회가 되어버리는 역설적인 효과도 생각할 수가 있다. 예를 들면 연금에 대한 불안이 연금에 대한 불신을 낳고 연금의 미납율이 높아지는 경향이 그것이다.

그렇다고 해서 보도를 규제해서 젊은이가 지니고 있는 '불안'을 없애면 좋겠다는 것은 아니다. 의식을 바꾸려고 해도 좀처럼 바꿀 수 없다. 비록 의식이 바뀌어 불안이 없어졌다고 해도, 현실이 바뀌는 것은 아니다. 장래 생활이 불안정한 것은 자각하든 안하든 현실적으로 진행되고 있는 사태의 연장선상에 있다는 사실이다. 2차 세계대전 때 일본군은 "진다고 생각하기 때문에 진다"는 정신론을 내세워, 현실을 직시할 것을 소홀히 하여 기술이나 전술 개혁이 늦어진 결과 패전을 초래했다는 교훈을 잊어서는 안 된다.

일본의 젊은이 의식과 현실 상황을 연결하는 회로를 직시해서 살펴볼 필요가 있다. 이 장에서는 우선 사람들이 활달하게 생활할 수 있는 사회·경제적 조건, 불안을 불러일으키는 사회·경제적 조건이란 어떤 것인지를 이론적으로 살펴보고, 그런 다음에 현재의 젊은이가 노출되어 있는 상황과 의식의 관계를 검토한다.

8-2. 희망이란 무엇인가?

희망이 없는 나라

소설가 무라카미 류村上龍는 베스트셀러『希望の國のエクソダス』(희망의 나라 대탈출)에서 등장인물인 중학생을 통해 "일본에는 무엇이든 있지만 희망만이 없다"고 말하고 있다. 물론 희망이 없는 상황은 일본에 한정된 것은 아니다. 미국의 사회학 전문 잡지(『Social Research』, 1999 summer)에서는 '희망'에 관한 특집이 게재되었다. 그곳에서는 여러 논자가 미국 사회로부터 희망이 사라져 가는 양상에 대해 논하고 있다. 서구의 사회의식 변화에 관한 논문, 저서를 읽어보아도 '희망'이나 '의지' '활력'이 사람들 사이에서 점차 상실되어 가고 있다는 내용이 많다. 뉴 이코노미의 침투로 인해 사회·경제구조가 변하고 그 결과 사회의식에 변화가 생기고 있는 것은 선진국 공통의 현상이다.

희망의 사회심리학

그 중에서도 사회심리학자 랜돌프 넷세Randolph Nesse의 희망론을 단서로 현대 일본의 젊은이들 의식을 분석해 보고 싶다. 넷세는 희망이라는 감정은 노력이 보상받을 수 있는 전망이 있을 때 생기고, 절망은 노력해도 하지 않아도 마찬가지로 밖에 생각되지 않을 때 생긴다고 말하고 있다. 노력을 '고생'이나 '괴로움을 참는 것'이라 바꿔 말해도 들어맞고 보상받는 것은 경제적 이익을 얻는 것만이 아니라 자신이 한 노력이 사회로부터 평가된다(장래에든 현재든 좋다)고 믿는 것이다.

인간은 아무 고생도 없는 편한 상태로 만족하는 동물은 아니다. 편해도 어딘지 부족해서 불행을 느끼는 일도 있으며, 고생을 해도 그것이 삶의 활력이 되어 행복하게 느낄 때도 있다. 장 폴 싸르트르Jean-Paul Sartre는 파리 시민이 가장 활기가 있었던 것은 제2차 세계대전의 나치스 독일 점령 하에서였다고 말한다. 장래 조국 프랑스의 해방을 믿으며, 레지스탕스라는 고생(독립운동)을 지속적으로 하는 것이야말로 사람들의 기쁨이었던 것이다.

또한 아무리 사회가 발전하여 풍요롭게 되어도 고생이나 괴로움이나 고민이 없어지는 것은 아니다. 고생이나 고민을 견디는 힘을 주는 것이 희망이라는 감정이다(4절에서 상세히 언급한다). 고생이나 고민이 쓸모없게 된다고 느끼면 고생이나 고민은 고통 이외의 아무것도 아니게 된다.

즉 희망이란 마음이 미래를 향해 현재의 행동과 연결되어 있을 때에 생기는 감정이라고 말할 수 있다. 한편 육체적 괴로움이 없이 경제적으로 자유로운 생활이라도 지금 하고 있는 것이 아무에게도 평가되지 않는다면 절망을 느낄 것이다.

희망의 문제는 개인만의 문제가 아니라 사회 전체의 '활력'이나 '건전함' 그리고 '사회 질서'와 관련된다. 그리고 희망을 가지는 사람이 많은 사회는 발전하고 활력이 넘칠 것이다. 한편 절망하는 사람이 많은 사회는 정체하고 타락하여 '사회 질서'가 유지될 수 없게 될 것이다.

그러면 사람들이 생활하는 사회가 희망을 가져오는 조건을 갖추고 있는지, 그렇지 않으면 절망을 낳는 요소가 강한지가 문제가 된다. 이런 관점에서 과거에서 현재의 일본사회에 이르기까지 희망의 역사를 살펴보자.

전근대사회에서 종교의 기능

전근대사회에서는 원칙으로서 부모의 직업을 계승하며, 생활수준의 격차가 고정되어 변화나 발전이 없는 사회였다. 궁핍한 부모아래 태어난 사람은 일생 고생이 항상 따라다녔고, 넉넉한 부모아래 태어난 사람은 일생 쾌적한 생활이 약속되는 사회였다.

그러한 조건 하에 종교는 '노력이 보상받는다는 신념 체계'를 만들어냈다.

현세에서 행한 노력은 사후 내세에서 보상받는다는 시스템이다. 기독교나 이슬람교는 천국에서의 행복한 생활을 약속하고, 힌두교나 불교에서는 사후 보다 좋은 입장으로 다시 태어나거나 부처가 될 수 있으며, 유교나 일본식 불교에서는 자손에게 제사를 받는 것이 약속되었다.

이 시스템은 궁핍하게 태어난 사람에게는 희망을 줄뿐만 아니라 넉넉하게 태어난 사람에게는 절제라는 효과를 가져왔다. 즉 현세에서 아무리 즐기며 살 수 있더라도 올바른 행동을 하지 않으면 사후 내세에서 악으로 보상을 받게 되기 때문이다. 따라서 과도한 돈벌이는 억제되고 기부 등이 장려되어 전근대적인 복지시스템의 기반이 되었다. 종교 의식이 희박해지면 부자의 향락적 자기중심적 경향에 제동이 걸리지 않게 된다. 이것이 일본의 버블 경제기에 일어난 것이다.

종교 개혁

근대 유럽에서 시작된 루터 Martin Luther나 칼뱅 John Calvin에 의한 종교 개혁에 의해 전근대사회의 희망관이 근본적으로 바뀌어졌다. 루터는 직업에 관한 생각을 바꾸어 일에 열심히 노력하는 것은 소명으로서 신의 뜻을 이루는 것이라고 했다.

계속해서 칼뱅주의가 나타났다. 칼뱅의 교의에서는, 기독교의 근간인 내세에서의 구제는 그대로 두고 그러한 인식을 바꿨다. 그것은 '예정조화설'이라는 것으로 구제받는 사람과 구제받지 못하는 사람은 태어날 때 이미 정해져 있다고 하는 교의다. 그것은 사후 구제받는 사람은 현세에 나타난다는 의식을 가져온다. 즉 근면하고 사회적으로 성공하는 사람은 선천적으로 구제받은 사람이며, 향락적이고 실패하는 사람은 선천적으로 구제받지 못한 사람이다. 이것은 현세에서의 사회적 성공이 내세의 구제의 '증거'라는 의식을 가져온다(현세에서의 성공이 내세의 구제의 원인은 아니다). 이 점은 전문적인 논점이 되기 때문에, 막스 베버나 하시즈메 다이사부로 橋爪大三郎 의 저작을 참고하길 바란다(橋爪大三郎 『世界がわかる宗教社會學入門』, 막스 베버 『프로테스

탄티즘의 윤리와 자본주의의 정신』).

근대사회 — 현세에서의 보상이라는 희망

종교의 통제력이 쇠약해져 칼뱅주의로부터 '내세의 구제' 부분이 누락되면, 막스 베버가 말하듯이, '자본주의의 정신'(근대주의의 정신이라 해도 좋다)이 된다. 그것은 현세에서 '사회적으로 성공하는' 것이 노력에 대한 보상이 된다는 교의다.

그렇다면 희망은 '현세'에서 찾지 않으면 안 된다. 근대사회에서는 현재의 고생, 괴로움, 노력은 장래·현세에서 보상받는다는 생각이 '희망'이 된다. 즉 근대사회란 '장래의 좋은 상태(물론 이 세상에서)'가 도래한다는 의식이 없으면, 사람들이 희망을 갖기 어려운 사회라고 말할 수 있다.

자본주의 사회에서는 "비록 궁핍한 사람이라도 노력만 하면 부자가 될 수 있다"는 언설이 필요했다. 현재 하고 있는 고생이 장래에 보상받지 못한다고 생각하면 사람들은 고생을 꺼리게 된다. 또 아무리 노력해도 즐거운 일이 장래에 기다리고 있을 리 없다고 느끼면 살아갈 기력을 잃을 것이다. 자본주의 하에서 사람들이 하고자 하는 의욕을 내게 하기 위해서는 '많은 사람'들에게 지금 하고 있는 노력(공부, 일이나 가족생활에서의 고생)이 장래의 '좋은 생활'로 연결된다고 하는 기대를 갖게 하는 것이 필요하다.

그러나 실제로는 노력해도 좀처럼 보상받지 못한다는 현실이 있다. 특히 궁핍한 부모 아래서 태어난 사람, 그만큼 능력이 없는 사람은 열심히 '노력해도' 풍요로운 생활에는 쉽게 도달할 수 없다. 여기서 나타난 것이 마르크스주의로 대표되는 혁명 사상이다. 궁핍한 노동자가 단결하여 선천적으로 부자인 자본가들과 투쟁해 나가면 장래 혁명이 일어나 노동자가 가장 풍요롭게 생활할 수 있는 시기가 온다는 것을 약속하는 사상이다. 이것은 철학자 버트란트 러셀Bertrand Russel에 의해 기독교 교의와 매우 흡사하다는 것이 강조되었다(러셀『서양철학사』). 적어도 공산주의 사상이 궁핍한 사람들에게 희망을 가지도록 기능하고 있었던 것은 명확하다.

따라서 1990년 전후 사회주의 제국의 체제붕괴에 의해 궁핍하게 태어난 사람의 '합리적' 종교가 붕괴되었다고 말할 수 있다. 그러면 내세에 희망을 추구하지 않을 수 없게 되고, 그 결과, 과격한 이슬람교나 기독교 근본주의 그리고 옴진리교와 같이 과격한 신흥종교에 매료되는 사람들이 나오게 된다. 돌이켜보면 사회주의 사상이나 그것을 교의로 하는 정당은 현세에 희망을 가지기 어려운 사람이 비합리적인 행동에 치우치는 것을 막는 방파제 기능을 담당하고 있었다. 중국이 '사회주의'라는 간판을 버리지 않는 것은 혁명에 의해 전근대적 종교를 파괴한 후에, 사회주의를 포기하면 궁핍한 사람들에게 심리적 구제가 상실되어 버린다는 것을 지도자들이 잘 알고 있기 때문이다. 소련이 붕괴한 후 러시아를 비롯한 구소련을 구성했던 국가는 종교나 민족을 기반으로 한 수많은 테러로 골치를 앓고 있다. 버트란트 러셀이 지금 살아 있다면 아마 같은 견해를 가질 것이다.

전후부터 고도성장기에 걸친 '희망'

이제 고찰의 방향을 일본 사회로 옮기기로 한다. 메이지 이후 태평양전쟁 패전까지는 일본 사회 자체의 생존 그리고 제국으로서의 발전이 많은 국민의 목표가 되었다. 세계 안에서 일본 사회가 인정받고 발전한다는 '보상'을 믿었기 때문에, 많은 국민이 '고생'이라고 하기보다 '고난'을 참을 수가 있었던 것이다.

패전과 함께 일본 사회의 공통 목표가 소멸되었다. 그 대신 등장한 것이 "풍요로운 가족생활을 건설한다"는 목표였다. 5장에서 언급한 것처럼, 그 풍요로운 생활이란 넓은 주택, 가전 신제품 그리고 자녀의 학력으로 상징되고 있었다. 그것을 실현하는 수단으로서 직업(남성), 가사노동(여성), 교육(자녀)이 배치되어 있었던 것이다.

교육 파이프라인이 기능하고 있어 성실하게 공부하고 노력해서 학교에 들어가면 그에 걸맞은 일자리가 보장되었다. 성실하게 일하기만 하면 일과 수입의 증대가 보장되었다. 여성은 결혼해서 가사·육아를 성실히 하면 풍요로운 가족생활이 보장되었다. 즉 공부, 일, 가사·육아라는 고생과 노력은 풍요로운 가족생활을 통해 보상받았던 것이다.

그래서 전후부터 고도성장기를 거쳐 버블기 직전까지의 일본 사회는 대부분의 사람에게 희망이 충만한 사회였다. 전후 일본에서 사회의식이 안정되고 대다수 국민이 중류의식을 가지게 되어 범죄가 적은 안정된 사회가 되었던 것도 노력이 보상받는다는 것을 믿을 수 있었던 사회적 상황이 있었기 때문이다.

8-3. 희망의 소멸

노력이 보상받지 못하는 경우의 증가

오늘날 일본 사회는 '노력이 보상받지 못하는 경우'가 증가하는 사회가 되었다.

우선 '리스크화'의 진전으로 인해 고생하며 공부해서 학교에 들어가도 파이프라인에서 누락되어 프리터가 되면 지금까지 한 노력은 모두 수포로 돌아가게 된다. 일을 열심히 해도 그 실적이 평가되지 않고 해고되는 리스크, 수입이 오르지 않는 리스크가 있다. 가족을 위해 가사·육아를 열심히 하거나 아침부터 밤까지 일한 급여를 가져와도 이혼하면 그러한 노력은 쓸모없게 된다. 즉 "지금까지 노력한 것이 쓸모없게 될지도 모른다"는 상황은 평균 능력을 가진 사람의 의욕을 잃게 한다.

여기에서 물론 실적이나 능력과 관계없이 학교를 나오면 일정한 직업을 가질 수 있어 연령과 함께 수입이나 지위가 오른다는 시스템 자체가 '좋다'고 말하는 것은 아니다. 능력·실적을 고려하지 않고 지위나 수입이 정해지는 시스템은 반대로 능력이 있는 사람의 의지를 상실하게 하는 측면도 있다.

지금 일본에서 나타나고 있는 사회의 변화는 능력 있는 사람의 '의욕'을 유발할지 모르지만, 능력이 적당히 있는 사람의 '의지'를 없앤다는 측면이 있다. 카리야刈谷가 교육 상황 분석에서 의욕의 단절(incentive divided)이라 불렀던 것도 이러한 상황을 나타내고 있다(刈谷, 앞의 책).

여기에 '양극화'경향이 추가된다. 교육에 있어서는 능력이 있는 부모를 가지고 있거나 능력을 타고난 사람은 노력이 보상받아 리스크가 적은 파이프에 들어갈 수가 있다. 기업의 핵심 정사원에 채용된 사람은 그 노력을 인정받기 쉽다. 교육이 잘된 자녀를 가진 부모는 그 양육의 노력에 대해 칭찬받을 기회가 많을 것이다. 한편 부모를 잘못 만난 사람은 노력해도 파이프라인에서 누락되기 쉽고, 프리터는 단순노동이라 열심히 노력해도 핵심 정사원이 될 수 없다.

고도성장기엔 누구라도 '희망'을 가질 수 있었다. 그러나 현대 사회에서는 희망은 누구나 간단히 가질 수 있는 것이 아니다. 희망을 가진 사람과 가지지 못한 사람의 격차가 엄연히 벌어지고 있다.

도표 8-1 실질 GDP 성장률

1998년 문제

일본 사회에서 희망이 사라진다, 즉 사람들이 노력에 대한 보상을 기대하지 않기 시작한 것이 1998년이라고 필자는 생각한다. 이것을 1998년 문제라고 부르고 싶다(졸저 『パラサイト社會のゆくえ』 참조).

1998년은 실질 GDP 성장률이 마이너스 1%인 불황의 해로 기억되고 있다(도표 8-1). 하시모토橋本 내각으로부터 오부치小淵 내각으로 바뀐 해이기도

하다. 단순한 불황과는 다른 '질적'인 전환이 그 해에 있었다고 생각된다. 그것은 사회구조가 전환되어, 리스크화, 양극화가 불가피하다는 것이 사람들 사이에서도 인식되기 시작했다고 하는 점이다.

그보다 조금 전인 1995년은 인터넷이라는 말이 유행하여 휴대전화가 폭발적으로 팔리기 시작한 해이다. 경제적으로는 넷 버블, 넷 억만장자도 나타났다. 사회가 더욱 더 편리해지는 것이 뉴 이코노미의 플러스 측면이라고 한다면, 그 마이너스 측면이 단번에 분출되었던 것이 1998년이라고 생각한다(다이와大和 종합연구소의 하라다 야스시原田泰 도 1998년이 일본 경제의 하나의 고비라는 것을, 저서『「大停滯」脫却의 經濟學』에서 강조하고 있다. 또한 노동경제학자 겐다 유지玄田有史 는 1997년에 중소기업이나 자영업의 실적이 악화되어 창업도 감소하고 고용도 감소한 해라고, 『ジョブ・クリエイション』에서 분석하고 있다).

희망의 양극화

6장에서 이미 언급했지만, 1997년까지는 2만 2천 명 전후로 추이하고 있던 자살자수가 1998년에 약 1만 명 증가해 3만 2천 명이 되고, 그 이후 경기 변동에 관계없이 3만 명 정도로 높게 머물고 있다. 증가분의 대부분이 경제적 이유에 의한 중·노년층 남성의 자살이다.

'정리해고'라는 말이 정착되고, 그것이 기업의 재구축이라는 본래 의미보다, 실적 악화를 이유로 한 정사원의 대량 '해고' '퇴직권장'이라는 의미로 일반에게 알려지게 되었다. 기업의 정리해고가 시작되면 고용자에게는 양극화가 생긴다. 기업에 남은 사람은 다소 괴로워도 실적회복의 성과를 누릴 수 있는데, 해고된 사람은 장래의 전망이 없다. 비록 기업의 실적이 회복되어도 해고된 사람이 함께 근무했던 회사로 되돌아갈 수 있는 것은 아니다. 또한 같은 무렵 중소 영세기업의 도산이 증가했다. 그러나 다소 경기가 회복되어도, 다시 시작할 기회가 거의 없을 정도로 영세기업 경영자에 대한 빚독촉은 엄격하다. 양극화로 인해 정리해고 된 사람, 도산한 중소 영세기업 경영자에게 절망감이 확산되었던 것이 자살이 증가한 원인이라고 생각한다.

그들은 지금까지 해온 노력(회사를 위해 힘쓰거나, 자영업을 열심히 한)이 쓸모없게 되었다고 느꼈던 것이다. 양극화란 단지 생활 상황의 격차 확대가 아니라 노력이 보상받을까 받지 못할까 하는 '희망의 양극화'인 것이다.

그리고 5장에서 본 것처럼, 프리터의 증가는 자살의 급증으로 1년 늦은 1999년에 급증했다. 아마도 1998년도에 취업할 수 없었던 대학졸업자가 그대로 프리터화 했다고 생각된다. 정리해고나 일회용 노동자를 활용함으로써 기업은 실적을 회복한다. 취업한 청년 정사원은 장시간 일하는 한편, 한 번 프리터가 된 사람은 좀처럼 정사원 루트에 돌아오지 못하고 있다.

또한 가족 분야에서도 이혼, 속도위반 결혼, 아동학대, 등교거부의 증가 경향에 박차가 더해지는 것도 1998년 전후의 현상이다. '희망하는 그대로 가족형태를 실현할 수 있는 사람'과 '희망하는 그대로 가족형태를 실현할 전망이 없는 사람'이라는 격차가 확대되는 결과 나타나는 현상으로 해석하고 싶다. 불특정 다수와의 섹스 경험과 관련이 있다는 클라미디아(Chlamydia) 감염율도 1999년부터 상승하고 있다(도표 8-2). 청소년의 흉악범죄도 이 해를 기점으로서 다시 증가하고 있다(도표 8-3).

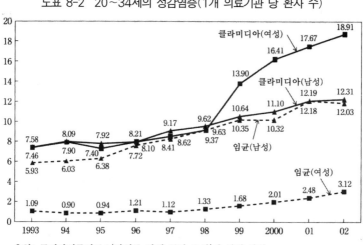

도표 8-2 20~34세의 성감염증(1개 의료기관 당 환자 수)

출처: 국립감염증연구소'감염증 발생 동향 조사'에 의해 작성

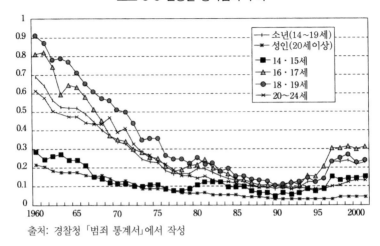

도표 8-3 연령별 흉악범의 추이

출처: 경찰청 「범죄 통계서」에서 작성

교육 분야에는 학력 저하가 지적되고 있다. 그것도 공부를 하는 학생과 하지 않는 학생으로 분리되는 경향이 현저해지고 있다. 조사를 살펴보면 1990년대 후반에 집에서 거의 공부하지 않는 학생, 학원에 가지 않는 학생이 증가하고 있다(도표 8-4).

희망 없는 사람의 절망과 도피

여기서 다시 '희망'의 이론으로 돌아오자. 자살의 증가, 프리터의 증가 등은 확실히 '괴로움이나 고통'에 대해 참는 힘이 감퇴하고 있다는 것을 나타내고 있다.

괴로운 일을 만났을 때, 그것을 참고 한층 더 노력을 해서 극복할 수가 있는 것은 그것이 보상받을 수 있다는 전망 즉 희망이 있기 때문이다.

보상받을 전망이 없는 채 '고생'을 강요당하면, 어떤 사람은 반발하고 또 어떤 사람은 절망한다. 또 다른 사람은 좀처럼 보상받지 못할 고생을 강요당하는 상황에서 도피하려고 한다.

그리고 다음에 말하듯이 고통을 일시적으로 잊게 해 주는 것에 빠지는 사람조차 생긴다.

도표 8-4 평일 학교외 학습 시간의 추이

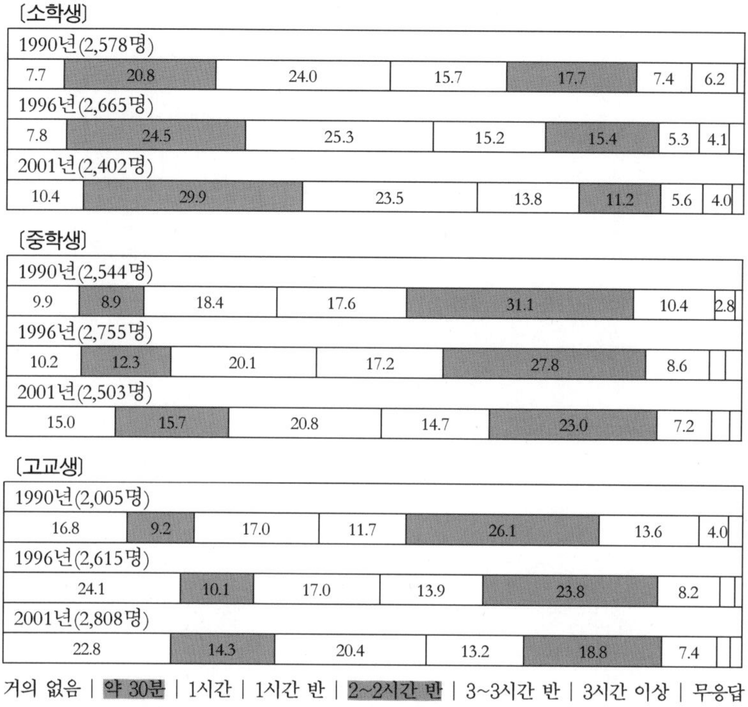

〔소학생〕

1990년(2,578명)						
7.7	20.8	24.0	15.7	17.7	7.4	6.2

1996년(2,665명)						
7.8	24.5	25.3	15.2	15.4	5.3	4.1

2001년(2,402명)						
10.4	29.9	23.5	13.8	11.2	5.6	4.0

〔중학생〕

1990년(2,544명)						
9.9	8.9	18.4	17.6	31.1	10.4	2.8

1996년(2,755명)					
10.2	12.3	20.1	17.2	27.8	8.6

2001년(2,503명)					
15.0	15.7	20.8	14.7	23.0	7.2

〔고교생〕

1990년(2,005명)						
16.8	9.2	17.0	11.7	26.1	13.6	4.0

1996년(2,615명)					
24.1	10.1	17.0	13.9	23.8	8.2

2001년(2,808명)					
22.8	14.3	20.4	13.2	18.8	7.4

거의 없음 | 약 30분 | 1시간 | 1시간 반 | 2~2시간 반 | 3~3시간 반 | 3시간 이상 | 무응답

출처: 베넷세 미래교육센터 「제3회 학습 기본조사」(2002년).

조사대상: 전국 세 지역의 초등학교 5학년생, 전국 세 지역의 중학교 2학년생, 전국 네 지역의
고등학교(보통과) 2학년생.

주: 「귀하는 평일(월~금요일), 귀가해서 몇 시간 정도 공부합니까? 사설 학원이나 가정교사와 함
께 공부하는 시간도 포함하길 바랍니다」 는 질문에 대한 응답.

병적 집착증(addiction)

구체적으로 말하면, 중독에 '빠져 있는 사람'이 많아진다. 애딕션이란 이
것만하고 있으면 현실의 고통을 일시적으로 잊을 수 있는 활동을 말한다.
가벼운 애딕션으로는 담배, 술, 쇼핑, 섹스 등을 들 수 있다. 파친코나 게임
센터 그리고 패밀리 컴퓨터 등은 '노력이 보상받는다고 하는 경험'을 가상세
계(virtual world)에서 대신 보상받는 행위다. 게임을 이기는 방법을 학습하
고, 그것이 승리로 보상받으면 '희망'이 이루어지는 것이다. 이른바 수집광

인 '오타쿠', '스토커' 등도 일종의 애딕션이라 할 수 있다. 문제를 내포한 것으로서는 마약 등도 포함된다.

이러한 활동을 가끔 해서 일상생활의 스트레스를 해소하는 정도라면 문제가 없다. 그러나 이에 의존하여(일상용어로는 '미쳐 있다' '푹 빠진다'), 노력이 보상받지 못하는 일상생활을 보내는 것이 어리석다고 느끼는 사람이 증가한다는 것이 문제다.

그리고 이런 집착증이 자기 목적화하여 일상생활을 파괴하는 사례도 나온다. 왜냐하면 애딕션은 어떤 자극에 익숙해지면 더 강한 자극을 요구하기 때문이다. 그것은 알콜 중독, 마약 중독이나 섹스 산업, 매춘의 증가로 나타난다.

문제는 애딕션을 지속하기 위해서 돈이 든다는 점이다. 일상생활에서 열심히 일하고 있는 사람이라면 그 비용 부담에 문제가 없지만, 애딕션에 빠져 현실을 소홀히 하게 되면 직업생활로 수입을 얻는 것이 어려워진다. 원래 직업생활에 잘 적응하지 못하는 사람이 애딕션에 빠지기 쉽다고 하는 측면도 있다. 후술하듯이 누군가에게 의존할 수 있다면 별개이지만, 사회적으로 바람직하지 않은 수단(예를 들면 원조교제 등)으로 비용을 얻거나 가족, 친척, 그리고 소비자 금융 등에서 돈을 빌리거나 도둑질을 하거나 범죄 수단을 통해 돈을 버는 등 문제 행동이 증가한다.

다음으로, 신흥종교 등 '미래의 행복을 약속하는' 것에 매달리는 사람도 나온다.

'일상생활의 노력이 보상받지 못하는' 것은 전생의 응보거나 신앙심이 부족하기 때문이라고 하며, 고액의 물건을 사게 되거나 이상한 종교교단의 활동에 빠지는 사람도 많아진다. 적어도 종교가 제시하는 장래의 구제를 믿고 있는 동안은 '일상생활'의 괴로움을 견딜 수 있는 것이다. 이는 국제적으로는 과격한 이슬람교 등이 '내세'에서의 구제를 약속하며 빈곤으로 인해 노력이 보상받지 못한다고 느끼는 사람들을 매료시켜 자폭테러 등을 일으키는 것에 잘 나타나고 있다.

범죄의 질적 변화

그리고 마지막 유형으로서 장래에 절망한 사람이 빠지는 것은 자포자기형의 범죄이다.

역시 1998년을 기점으로서 흉악 범죄가 증가하고 있다. 그 가운데 보도 등을 통해 눈에 띄는 것은 청년층, 그 중에서도 20대나 30대 무직 남성이 일으키는 것이다(이케다 초등학교 사건, 유아 유괴사건 등 기억에 남는 사건은 대부분 이 유형이다). 그것도 금품 요구나 도둑, 원한 등에 의한 '필요에 따른 범죄'가 아니라, '범죄를 하기 위한 범죄' 즉 살인이나 영리목적이 아닌 유괴 등 전혀 자신에게 이익이 되지 않는 범죄가 증가하고 있다는 인상이 있다. 남성은 직업적으로 장래 전망이 없으면 대체로 결혼상대로 여겨지지 않는다. 그래서 비합법적 수단에 의해 여성, 특히 무저항의 미성년 여성과 관계를 가지려고 하는 무직 남성이 증가한다. 목적 합리적인 범죄(범죄의 결과가 자신의 이익에 직결하는)는 일부 외국인이 자행하는 것이 눈에 띄는 정도이다.

게다가 IT화, 자동차화, 교외화(郊外化)로 인해 범죄가 발생하기 쉬운 환경이 되어 있다. 휴대전화 사용, 자동차의 사용으로 인해 시간이나 공간에 얽매이지 않고 행동할 수 있게 되어 익명성의 공간이 지방에도 확산되기 때문이다(미우라 아츠시三浦展 는 이런 상태를 '제1차 교외화'라 부르고 있다).

그리고 가족이라 해도 약한 사람, 방해가 되는 사람에 대해 폭력이 행해지는 사례가 많아진다. 아동학대나 가정폭력도 1998년 전후로부터 급증하고 있다.

질투의 변모

더 이상 이 세상에서 노력해도 보상받지 못한다고 하는 절망감에 빠지면 다른 사람의 행복을 부러워하게 된다. 정신과 의사 와다 히데키 和田秀樹 가 말하는 '엔비형(envy type)' 질투심이 생겨난다. 다른 사람이 행복할 때 자신도 노력하여 행복하게 되려고 생각하는 것이 '젤러시형(jealousy type)' 질투이며, 와다는 고도성장기에는 후자가 전형적이었다고 주장한다. 한편 다른

사람이 자신과 같이 불행하게 될 것을 바라는 기분을 '엔비형'이라 부르며, 이 유형의 질투가 근년 증가하고 있다고 한다(和田『幸せになる嫉妬 不幸になる 嫉妬』). 목적 합리적이 아닌 범죄는 전자의 '엔비형' 질투를 원동력으로 발생 한다, 즉 '불행의 길동무'인 것이다. 인생을 포기한 사람에게 무서운 것이란 없다. 사형을 당할 가능성이 있거나 형무소에 들어가도 개의치 않을 것이다. 왜냐하면 '노력해도 보상받지 못하는 일상생활' 그 자체가 그들에겐 '감옥'이 기 때문이다.

현실 사회로부터의 도피

이제부터 사회에 진출하는 젊은이로부터 희망이 사라지면, 앞서 살펴본 '반사회적 행동' 뿐만 아니라 '비사회적 행동'이라고도 부를 수 있는 현실로 부터의 도피 행동이 일어나게 된다.

도표 8-5 등교거부 학생 수의 추이(30일 이상)

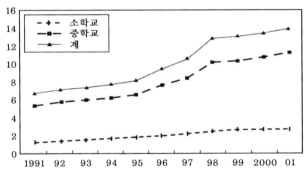

출처: 문부과학성 「학생 지도상 문제 현상과 문부과학성의 시책에 관해」(2002년)에서 작성.

현실 사회에서 노력이 보상받지 못한다고 느끼면 현실 사회와의 관계를 끊는 사람도 나타난다. 그 처음 형태가 '자살'이며 1998년에 급증했던 것은 이미 말한 바와 같다.

등교거부나 은둔형 외톨이도 1990년대 후반에 증가했다(도표 8-5). 호사 카 토오루保坂亨에 의하면, 등교거부에도 두 종류가 있으며, 비교적 부유한

부모 밑에서 나타나는 '노이로제형'과, 비교적 경제적으로 풍족하지 못한 부모 밑에서 나타나는 '탈락형'으로 분류할 수 있다. 노이로제형은 기존의 획일적인 학교 본연의 자세, 교사 본연의 자세, 친구관계에 친숙해질 수 없기 때문에 발생한다. 한편 탈락형은 학교에 가도 재미가 없고 성실하게 공부해도 방법이 없다는 이유로 등교를 거부한다. 전자는 사회적 은둔형 외톨이로 연결되는 일도 많고, 후자는 비행 등의 일탈행위로 연결된다(保坂『學校を缺席する子どもたち』).

그리고 사회로부터의 도피 경향이 있는 일본에 고유한 형태가 '사회적 은둔형 외톨이'다. 이것은 병적인 이유 없이 집이나 자기 방 등에 틀어 박혀 가족을 포함한 주위 사람들과의 사회적인 접촉을 끊고 있는 사람들을 말한다. 자기 방에 틀어 박혀 인터넷 등으로 커뮤니케이션을 즐기는 젊은이는 단지 외출기피이며, 은둔형 외톨이라곤 말하지 않는다. 즉 애딕션으로 분류된다. 많게는 자기 방에 틀어 박혀 밤에 가족이 잠자리에 들면 가족이 준비해 둔 식사를 하거나 자판기나 편의점 등에서 음식료를 조달한다. 가족, 친구와도 커뮤니케이션을 하지 않고, 내부적으로는 가정 내 폭력을 행사하는 사람도 있다. 은둔형 외톨이의 인원수는 정확한 통계는 없지만 사이토 이사오 齋藤環에 의하면 단적으로 100만 명, 또한 200만 명으로 추측하는 논자도 있으며, 해마다 증가하고 있다고 한다. 사이토씨는 은둔형 외톨이가 장기화해서 20대, 30대 연령층의 은둔형 외톨이가 증가하고 있음을 경고하고 있다. 이것도 1990년대 후반 문제화된 현상이다(齋藤環 監修『ひきこもり』).

8-4. 리스크로부터의 도피

고생을 견디는 힘의 쇠퇴

이러한 문제 행동이 증가하는 원인은 개인주의가 진행되었기 때문에도 가정이 붕괴했기 때문에도 아니다. 또한 형벌이 가볍기 때문에도 아니다.

고생이나 힘든 일에 견디는 힘(희망)을 가지기 어려워지고 있기 때문이다. 언뜻 보기에 가정에서의 교육 능력의 저하나 개인주의의 침투 결과로 일어난 것처럼 보이는 것은 실은 희망 없는 사회의 결과로서 생긴 것이라고 해석할 수 있다.

앞서 희망론에서 언급한 랜돌프 넷세는 '고생의 면역이론'을 제창하고 있다. 백신 등으로 알려져 있듯이, 약한 병원균에 한 번 감염된 사람은 몸 안에 면역이 생겨 다음에 강한 병원균에 감염해도 큰 병에 걸리지 않는다. 이를 고생에 적용시키면, 사회에 나오기 전에 '작은 고생'을 만나 그 고생이 보상받는다는 경험을 해 두면, 고생에 대한 면역이 생겨 사회에 나와서도 큰 고생에 대해 희망을 가지고 대처할 수가 있다는 것이다.

고생 면역의 소실

오늘날 일본의 상황은 청소년에게 고생이나 괴로움에 대한 면역을 키우는 기능을 상실하고 있다. 고생에도 두 종류가 있다. 면역이 되는 고생은 장래로 연결되는 고생이며, 고생을 넘어서 보상받는다고 하는 체험에 근거한다. 한편 면역이 되지 않는 좋지 않은 고생은 장래와 연결되지 않는 쓸데없는 고생이다.

근년 학교교육은 '유토리 교육'(1970년대 중반부터 실시된 일본의 교육정책. 체험학습 및 취미활동 등을 중시하는 '여유교육'—역주), '수험경쟁은 좋지 않다', 더 나아가 '경쟁 자체가 좋지 않다'는 형태로, '장래와 연결되는 고생'은 부정하고, '쓸데없는 고생'(획일적인 규칙에 따르고, 친구나 선생님의 마음에 들며, 폭력학생에게 반항하지 않고, 눈에 띄지 않게 노력하는 고생)만 시키는 경향이 더욱 강해지고 있다. 운동회에서 일등상을 주지 않는 학교도 실제로 존재한다. 차이를 내는 것이 좋지 않고 꼴찌를 한 자녀가 불쌍하다고 해서 상품을 없애면, 도대체 무엇을 위해서 노력하면 좋은지, 자녀들은 모르게 되고 만다.

와다 히데키 和田秀樹 가 강조하듯이 수험 공부는 플러스의 심리적 효용이 있었다. 수험 공부라는 노력을 하면 그 만큼 입학점수가 높은 학교에 합격한다고 하는 보상이 명확했다. 1990년경까지는, 수험 경쟁은 학생에 대해서 공부하는 내용이 아니라 공부하면 보상받는다는 것을 몸에 익히게 한 효과가 크다.

이에 비해 '유토리 교육'적인 생각에서는, 학교가 즐거움의 장소이며, 지식을 배우는 것이 기쁨이어야 한다고 여겨지기 위해서, '고생'에 대한 면역이 생기지 않는 것이다.

학교 현장뿐만이 아니라 가정에서도 괴로움 자체가 좋지 않은 것처럼 생각되고 있다. 일본에서는 자녀를 편하게 하는 것이 부모의 애정이라고 생각하는 경향이 있다. 그 때문에 자녀에게는 심부름을 시키지 않고, 자기 방을 주어 가능한 한 고생을 없애려고 한다. 근래에는 집이 농가나 자영업이라도 가업의 심부름을 시키지 않는 부모가 증가하고 있다. 여름 방학에도 부모는 일찍 일어나 흙투성이가 되어 농사일을 하고 있는데, 중고등 학생인 자녀는 낮까지 자고 있어도 아무도 화를 내지 않는 사례도 있다.

갑자기 고생에 노출되는 젊은이

이러한 부모 곁이나 학교에서 자란 청소년은 고생에 대한 면역을 가지고 있지 않다. 그러면 사회에 나와 다소 곤란한 상황을 만나게 되면, 고생을 견딜 수 없을 뿐만 아니라, 고생을 피하려고 하는 사람이 많아진다. 어떤 일에 종사해도 싫다고 느끼거나 자신이 좋아하는 일이 아니라는 이유로 갑자기 그만두는 사람이 많다고 한다. 책임이 더해지고 일에 숙달되어 그 고생이 평가되기 전에 그만두어 버린다. 원래 취업 활동에서 '싫어하는 경험'을 했기 때문에 취업을 포기하는 학생도 있다. 결혼 육아도 마찬가지다. 결혼 생활이나 자녀를 기르는 생활은 장미 빛은 아니다. 고생이 수반된다. 그 고생을 넘고 책임을 완수하는 가운데 가족생활의 기쁨이 있는데, 고생할 것 같이 느껴지면 결혼 자체를 연기하려고 한다.

일전에는 수험 경쟁이 어렵고 부모도 그만큼 여유가 없었기 때문에 어느 정도 고생에 대한 면역이 있는 사람이 많았다. 정사원으로 취업하지 않거나 일을 그만두거나(남성), 결혼하지 않는다는 선택지 자체가 거의 없었기 때문에, 직업의 세계 가족의 세계에 '강제적'으로 들어가 고생을 체험하면서 면역을 키울 수가 있었다.

그러나 지금 이러한 가정과 학교라는 보호된 사회, 편함이 용납되는 사회와 현실의 실제사회의 격차가 크게 벌어지고 있다. 오늘날 사회 환경의 고통은 20년 전에 비할 수 없다. 정사원으로서 취업하는 것 자체가 '고생'이 뒤따르고 있어 가족의 리스크화와 함께 능력이나 매력 없는 사람에게는 '노력해도 헛되다'고 생각하게 되는 상황이 나타나고 있다.

이 격차를 견딜 수 없는 사람은 우선 사회에 나오는 것을 주저한다. 이런 일본적 형태가 필자가 말하는 '캥거루족' 또는 '프리터'인 것이다.

캥거루족, 프리터의 출현

필자는 대학 졸업 후에도 부모에게 기본 생활을 의존하며 여유로운 생활을 하고 있는 미혼자를 캥거루족이라고 부르며 다양한 조사를 실시해 왔다. 또한 5장에서도 언급한 것처럼, 정사원이 되지 않고 아르바이트로 생활하는 프리터라 불리는 젊은이의 의식조사도 실시한 바 있다.

이 양자에게 공통되는 특징은 확실히 위험한 현실 사회로부터의 도피라는 점이다.

캥거루족은 독신주의자는 아니다(도표 8-6). 미혼자의 결혼희망 비율(평생 결혼할 생각이 없는 인간을 제외한 비율)은 90%정도이다. 부모 집의 방 하나를 점거하고 있으므로 집세는 필요하지 않고 자신의 수입은 거의 자신의 용돈으로 쓰며 집안일은 거의 부모가 해 준다. 밖에 나오면 레저, 연애, 취미 등 무엇이든지 자유롭게 즐길 수 있다. 독립하거나 결혼해서 세대를 가지면 경제적으로 자립하지 않으면 안되고 가사도 스스로 해야만 한다. 그렇다면 상당히 이상적인 결혼 생활을 가져오는 상대(여성에게는 수입이 높고 돈에 궁핍하지 않은 남성, 남성에게는 부모와 동거해 주거나 적은 급료를 불평하지 않고 가사를 전부 해 주는 여성)가 아니면, 결혼을 하더라도 고생을 각오해야 한다. 즉 결

도표 8-6 미혼자의 연령별 결혼의욕

[남성]

연령	표본수	"1년 이내에 결혼하고 싶다" (의욕=1)	"이상적 상대라면 (1년 이내에) 결혼해도 좋다"		"아직 결혼할 계획은 없다"				결혼의욕지표
			결혼연령 중시파 (=0.8)	이상상대 추구파 (=0.6)	결혼연령 중시파 (=0.4)	이상상대 추구파 (=0.2)	"전혀 생각 없다" (=0)	미상	
18-19	706	1.1%	11.0	13.2	30.2	30.9	5.0	8.6	0.40
20-24	1,405	4.5%	9.2	10.7	32.1	30.0	4.7	8.9	0.41
25-29	1,124	11.0%	15.4	19.2	18.9	19.8	5.3	10.3	0.52
30-34	662	10.6%	19.3	29.0	9.5	12.1	7.3	12.2	0.57
총수(18-34)	3,897	6.8%	13.0	16.7	24.1	24.2	5.4	9.8	0.46
참고(35-39)	323	9.3%	19.5	32.8	4.3	12.1	9.3	12.7	0.56

[여성]

연령	표본수	"1년 이내에 결혼하고 싶다" (의욕=1)	"이상적 상대라면 (1년 이내에) 결혼해도 좋다"		"아직 결혼할 계획은 없다"				결혼의욕지표
			결혼연령 중시파 (=0.8)	이상상대 추구파 (=0.6)	결혼연령 중시파 (=0.4)	이상상대 추구파 (=0.2)	"전혀 생각 없다" (=0)	미상	
18-19	591	2.4%	6.6	10.5	35.0	29.9	6.1	9.5	0.37
20-24	1,394	8.9%	14.1	15.8	23.2	27.0	3.9	7.1	0.48
25-29	1,012	16.1%	16.1	28.8	10.3	15.3	4.2	9.2	0.59
30-34	497	15.7%	9.7	44.7	2.0	11.7	8.5	7.8	0.58
총수(18-34)	3,494	10.8%	12.8	22.8	18.4	22.0	5.0	8.2	0.51
참고(35-39)	211	8.5%	10.9	42.7	0.9	10.4	9.5	17.1	0.55

주: 결혼 의사에 관한 복수 설문에 대한 회답에서 미혼자의 의식단계 구성 비율을 연령층별로 표시한 것. 또한 결혼의욕 지표란 "일생 결혼할 생각이 없다"를 0, "1년 이내에 결혼하고 싶다"를 1로 하여, 각 단계별로 점수화하여 각 그룹의 평균치를 산출한 것. '결혼 연령 중시파' 및 '이상적 상대 추구파'란 각각 "어느 정도 연령까지는 결혼할 계획이다" "이상적인 상대가 나타날 때까지 결혼하지 않아도 된다"고 회답한 그룹. 2002년 조사.

〈결혼의욕 지표 추이〉

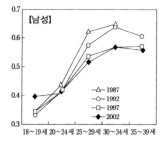

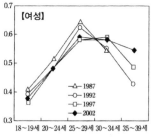

출처: 국립사회보장인구문제연구소 「제12회 출생 동향 기본조사」 2002년.

혼하면 생길지도 모르는 생활 리스크로부터 도피하고 있는 것이다(졸저 『캥 거루족의 시대』 참조).

프리터도 같은 논리로 이해할 수 있다. 파이프라인에서 누락되었을 때 어 떤 일정한 직업이라도 좋으니까 취업하고 싶다고 생각하는 것은 아니다. 학 력에 걸맞은 이상적인 취업을 할 수 없다고 하는 이유도 크다. 학력에 알맞 지 않는 일자리 때문에 고생할 정도라면 이상적인 일자리에 취업할 때까지 아르바이트를 하는 편이 낫다고 하는 의식이 프리터를 프리터로 정착시키고 있다. 또한 일을 그만두고 프리터가 되는 경우도, 좋아하지도 않는 일로 고 생하는 것은 쓸모없다는 이유로, '인간관계가 귀찮으면 언제라도 그만둘 수 있으며' '책임이 적은' 일, 즉 아르바이트를 선택한다. 즉 일로 인해 고생하 는 리스크로부터 도피하고 있는 것이다.

캥거루족과 프리터는 결합되어 있는 경우도 많다. 실제로 아르바이트 수 입만으로 자립해 생활하는 것은 매우 어렵다. 특히 프리터 여성은 부모와 동거하는 비율이 높다. 아르바이트를 하면서 이상적인 결혼 상대, 즉 자신 이 경제적으로 고생하지 않을 정도로 수입이 있는 남성과 만나 결혼하는 것 을 꿈꾸고 있다. 즉 고생하는 결혼 생활, 고생하는 독신 생활, 고생이 많은 일이라고 하는 세 가지 리스크로부터 도피하고 있는 것이다.

꿈꾸는 캥거루족, 프리터

이유는 다양해도 캥거루족은 결혼상대가 없는 독신자이며, 프리터의 대 다수는 서비스업이나 전문직의 하청 등에 종사하는 단순노동자이다. 실제 경험하고 있는 일상생활은 이상적인 장래와 결합되는 것은 아니다. 취미나 여행 등 캥거루족 생활은 즐거울 것처럼 보이지만, 그것이 장래 결혼생활의 준비라고는 말하지 못하며, 아르바이트로 단순노동만 하면 편하게 보이지 만, 그것이 장래의 직업과 연결되는 것은 아니다. 즉 현재의 일상생활과 장 래의 이상적인 생활에 결정적인 단절이 있는 것이 캥거루족이나 프리터인 것이다.

이러한 단절에 '꿈'이 끼어들어가는 것이다. 캥거루족이 말하는 결혼생활의 꿈은, 남성이라면 귀여운 부인이 불평하지 않고 집안일을 하는 것이고, 여성이라면 수입이 높고 근사한 남성이 집안일을 도와준다는 꿈이다. 프리터라면 학력에 걸맞은 정사원이 되거나 공무원 시험에 합격하거나 독립해서 전문직이 된다는 꿈을 가지고 있다.

꿈은 현실 생활을 잊기 위해서 있는 것이며 꿈을 향해 노력하고 있는 사람은 많지 않다. 가계경제연구소 쿠기모토 신고久木元眞吾의 분석을 보면, 상당수의 프리터가 '자신에게 맞는 일이 있을 것'이라는 꿈을 꾸고 있지만 그것이 이루어진다는 보장은 없다. 보장이 없어도 있는 것처럼 믿지 않으면, 지금 하고 있는 일을 계속해도 장래를 전망할 수 없다는 현실에 직면하게 된다. 또 캥거루족은 언젠가 자신이 이상적으로 생각하는 사람이 자신에게 구혼할 것이라는 꿈을 꾸는 것 밖에 현실의 독신생활을 메울 방법은 없다.

노력해도 보상받지 못하는 실제 자신의 상황을 잊게 해 주는 것이 이상적인 일, 이상적인 상대라는 '꿈'인 것이다.

자기실현의 함정

여기에 자기실현의 함정이 생긴다. 쿠기모토가 지적하듯이, 프리터는 자신이 좋아하는 일을 찾아낼 때까지는 프리터를 그만둘 수는 없다고 생각하기 쉽다(『「やりたいこと」という論理』). 왜냐하면 타협해서 자신의 현재 능력에 맞는 일에 종사하는 것은 '꿈을 버리는' 것이 되고 프리터이었던 시간이 낭비가 되어버리기 때문이다.

결혼에도 같은 논리가 작용한다. 한 번 이상적인 결혼생활을 꿈꾸면 이상적인 상대를 절하할 수 없게 된다. 타협하면 지금까지 무엇 때문에 기다리고 있었나? 라는 후회가 생기기 때문이다. 그 결과 '패배자'라고 스스로를 비하하는 중년 독신여성이 나오게 된다(사카이 준코酒井順子 『負け犬の遠吠え』).

이상적인 일이나 이상적인 상대에게 도달할 수 없다면, 지금까지 프리터나 캥거루족을 하고 있던 '고생'이 단번에 수포로 돌아간다. 그러한 상태에 직면하는 것을 피하기 위해 프리터나 캥거루족을 계속하지 않으면 안 되는 상황에 처해있다고도 말할 수 있다.

꿈을 지탱하는 부모

일본 이외의 선진국에서도 젊은이들의 고용이 불안정해지고 있다. 미야모토 미치코宮本みち子 가 말하듯이, 젊은이가 사회적 약자로 전락하고 있다(『若者が'社會的弱者'に轉落する』).

그리고 유럽 각국에서는 1990년대부터 젊은이의 고용문제 해결을 위한 대책 마련에 부심하고 있다. 그러나 일본에서는 지금까지 문제화되지 않았던 것은, 그들은 올드 이코노미로 자산을 형성한 부모에 의해 지탱되고 있었기 때문이다(宮本, 岩上, 山田『未婚化社會の親子關係』, 宮本『ポスト靑年期と親子戰略』).

부모와 동거하며 기본 생활을 의지하고 있는 한 '이상적인 결혼상대'를 만날 때까지 혹은 '이상적인 일'에 종사할 때까지 계속 기다릴 수가 있다. 이것이 일본에서 캥거루족이 증식하고 프리터가 증가하는 이유다. 그리고 사회적 은둔형외톨이가 일본 고유의 문제로 주목받는 것도 이러한 이유 때문이다(근년 한국에서도 캥거루족이나 은둔형외톨이 현상이 나타나고 있는 것은 문화적 공통성이라 생각된다).

부모도 자녀가 '꿈'꾸는 것을 용인하고 있다. 그렇다고 하기 보다는 부모는 함께 꿈을 꾸고 있다. 교육 투자를 한 것은 부모이다. 자녀에게 이만큼 돈을 들여 학교를 보냈으니까 그 학력에 걸맞은 이상적인 일자리를 찾는 것이 당연하고, 이만큼 돈을 들여 길렀으니까 거기에 알맞은 결혼상대가 당연하다는 의식에서 벗어나지 못하는 것이 오늘날의 부모들(50~70세)이다. 자식이 타협해 버리면, 육아에 소비해 온 에너지가 쓸모없게 된다고 생각해서, 자식의 꿈을 응원하기 위해 생활비를 내거나 전문학교나 해외유학 비용을 내거나 하지 않을 수 없는 것이다.

꿈꾸는 젊은이의 불량채권화

이러한 상황을 캥거루족이나 프리터의 불량채권화라 부를 수 있다. 버블 경제 때 다양한 사업에 투기적으로 자금이 투입되었다. 그러나 버블이 붕괴된 후에도 언젠가 주식이 오르면 또는 토지가 오르면 문제가 없어질 것이라고 생각하여, 많은 금융기관이나 기업이 근본적인 대책을 세우지 않고 불량채권을 방치하거나 추가적인 자금을 지원했다. 그 전망이 어긋나 불량채권이 늘어나 파탄하는 기업, 금융기관이 속출했던 것이 1998년이다.

같은 논리로 캥거루족이나 프리터의 장래를 생각할 수가 있다. '이상적인 결혼상대' '이상적인 일'이 발견되면 현재의 희망이 없는 상황은 끝난다. 따라서 그 날이 올 때까지 현상을 방치하고 즐거운 일을 하며 기다린다는 것이 그들의 전략이다. 하지만 그러한 꿈은 언젠가는 파탄한다.

꿈에서 깨어나는 날, 즉 이상적인 결혼상대가 앞으로 나타날 것 같지 않고, 이상적인 직업은 이제 일생 가질 수 없을 것이라는 생각이 들었을 때, 캥거루족이나 프리터는 어떻게 될 것인가? 10년 후, 20년 후에는 그들의 꿈을 지탱하고 있던 부모도 노쇠해지거나 죽거나 한다. 부동산도 수리 등이 필요하다. 일본의 현행 제도에서는 부동산을 상속받으면 생활보호 등 사회적 지원을 받을 수 없다. 한편 중년·노년이 된 프리터는 아르바이트조차도 고용해 주는 곳이 없게 된다. 리스크를 미루고 있는 동안에 심각한 리스크에 빠지는 '과거의 젊은이'가 증가한다.

그들의 절망감은 지금 이상으로 깊어질 것이다. 앞으로는 애딕션에 빠지는 사람이나 자포자기하는 사람도 증가하여, 그 중에는 '불행(不幸) 동행형' 범죄를 저지르는 사람도 나올 것이다.

프리터, 캥거루족이 사회의 짐이 되는 날

그렇게 되면 그들은 사회 전체의 불량채권으로 표면화된다. 프리터의 상당수는 국민연금이나 부금에 가입되어 있지 않다. 국민연금 미납율은 40%에 가깝고, 미납자의 대부분은 불안정한 취업을 하고 있는 젊은이다. 확실

히 5년 후의 생활마저도 불확실한 프리터가 50년 후의 노후생활을 걱정할
리가 없다. 사회의 버팀목이 되어야할 젊은이의 상당 부분이 사회에 캥거루
족으로 계속 존재하면, 더욱 더 정사원으로 사회보험의 부금을 성실하게 지
불하고 있는 사람(이것도 오늘날의 젊은이다)의 부담이 커진다.

　그들을 방치하면 빈곤해지고 사회 불안정의 요인이 된다. 그렇다고 해서
사회복지의 대상으로 하면 그 비용은 막대한 것이 될 것이다. 그렇게 되지
않기 위해서라도 대책을 빨리 강구해야만 한다.

제9장

지금 무엇을 할 수 있는가? 해야 하는가?

9-1. 사회개혁의 필요성

불안정 사회의 도래에 직면해서

이 책을 여기까지 읽은 독자 여러분은 어떤 느낌을 가지고 있을까? 무엇인가 어두운 기분이 된 분도 있을 것이다.

필자는 최근 몇 년째 대학에서 이 책의 내용을 강의하고 있다. 종강할 무렵이 되면, 학생들은 "장래에 대한 불안을 떨쳐버릴 수 없게 만든 수업이었다", "어두운 이야기뿐이지만 현실을 응시하는 좋은 기회가 되었다", "가끔 절망적이 된다"고 하는 말을 듣곤 했다.

지금까지 살펴본 것처럼, 일본사회는 리스크화와 양극화의 거대한 파도 가운데 있다. 그리고 1990년경까지 존재하고 있던 '안심 사회'의 기반이 무너지고 있다.

뉴 이코노미의 진전으로 인해 직업은 더욱 불안정해지고 새로운 경제 시스템에 적응할 수 있는 능력이 있는 사람과 낙오되어 프리터가 되는 사람간의 격차가 더욱 벌어지고 있다. 상대적으로 안정되어 있던 가족도 리스크를 수반하게 되어 안심하고 의존할 수 없게 되었다. 학교교육의 파이프라인 시스템에 누락이 생겨 "노력해서 학교에 잘 다니기만 하면 일정한 취업을 할수 있다"고 하는 기대가 급속히 상실되고 있다.

사회의 직업·가족·교육 시스템이 불안정해지는 것은, 결국은 우리 생활이 불안정해지고 장래의 설계도를 그릴 수 없게 된다고 하는 것이다. 비록 그렸다고 하더라도 실현될 확률이 낮아지고 있다. 불안정해지는 사회에 직면하여 노력해도 어쩔 수 없다고 희망을 잃는 젊은이, 혹자는 은둔형외톨이, 혹자는 향락적 소비나 애딕션에 빠져서, 혹자는 자포자기해서 문제행동을 일으킨다. 리스크에서 도피하는 젊은이가 증가하여 캥거루족이나 프리터의 장래 불량채권화가 전망되고, 사회의 존립기반을 서서히 침식하게 된다.

필자는 사람들을 불안에 빠뜨려 어두운 분위기를 만들기 위해 이 책을 집필한 것은 아니다. 밝은 이야기를 써서 사회가 밝아진다면 사회문제 등은 없어져 버릴 것이다. 앞서 학생들의 느낌에서 알 수 있듯이, 우선 현실에 무엇이 일어났는지 또는 일어나고 있는지를 '있는 그대로' 응시하고, 그러한 현실이 생긴 원인을 적어도 대략의 흐름을 필자 나름대로 해명했다는 생각이다.

그리고 그 다음 단계로서 불안정해지고 있는 사회를 눈앞에 둔 우리는 무엇을 해야 하는 것인가, 아니 무엇을 할 수 있고 무엇을 할 수 없는 것인가, 그리고 무엇을 해선 안 되는 것인가를 생각할 필요가 있다.

개혁의 필요성

이 책 때문이 아니더라도, 많은 일본인은 사회가 '불안정'해지고 있다는 사실을 인식하기 시작했다. 또한 많은 일본인이 "이대로는 안 된다"고 생각하고 있다. 그 가운데 뉴 이코노미의 영향을 거의 받지 않고, 올드 이코노미 세계에 살아와서 지금은 그 잔존물에 젖어 있는 사람들—예를 들어 상대적으로 고액의 연금을 안정적으로 받고, 자녀 교육도 끝나 레저를 즐기고 있는 일부의 고령자들은 현상을 바꾸고 싶어 하지 않을지도 모른다.

그러나 사회에 나온 지 얼마 안 되는 젊은이, 이제부터 사회에 진출해 나갈 자녀들을 생각하면 "이대로 좋다"고는 도저히 말할 수 없을 것이다.

개혁의 방향성 논의

"불안정해지고 있는 사회를 어떻게 통제해 나갈 것인가?" 하는 과제는 비단 일본인뿐만이 아니라 뉴 이코노미의 영향을 받고 있는 선진국 모두의 공통 과제가 되고 있다.

실제로 일본의 사회개혁을 위해서 다양한 의견이 논의되고 제안이 이루어지고 있다. 2001년 고이즈미 준이치로 小泉純一郎 총리가 '구조개혁'을 강조한 정책을 실시하려 한 것도 그 일환이다. 직업·가족·교육의 각 영역에서의 제안은 열거하기에 끝이 없을 정도로 미디어를 떠들썩하게 만들고 있다.

그 내용을 검토하면 크게 두 가지 입장이 있음을 알 수 있다.

하나는 자기책임을 강조하며 규제완화, 자유 확대, 개인주의 확립에 의해 불안정한 사회를 극복하는 것을 목표로 하는 방향이다. 여기에서는 '신자유주의'라는 사상적 입장의 주장 안에 명확하게 나타나지만, 가족 영역에 한정하면 가족형태 선택의 자유를 강조하는 이른바 '혁신파'도 포함된다. 시장중심주의, 시장만능주의와 결부시킬 수 있다.

다른 하나는 과거에 존재했던 '안심 사회'의 부활을 주장하는 것이다. 이것은 전근대사회를 모델로 하는 것에서부터 기업의 책임을 강조하거나 지역사회나 가부장적 가족 공동성의 회복을 목표로 하거나 '큰 정부'를 목표로 하는 등, 복고주의적 우익에서 낡은 보수주의자, 낡은 좌익에 이르기까지 다양한 주장이 섞여 있다.

대략 정리하면, 오늘날 발생하고 있는 사회·경제적 변화에 대해 전자는 그것을 추진하려고 한다. 사회 문제가 생기는 것은 '저항 세력'에 의한 방해가 있기 때문이며, 자유화나 시장화를 철저히 시행하면 해결된다고 생각한다. 한편 후자는 자유화나 시장화 자체를 혐오하고, 결국 과거의 모습으로 돌아가자는 주장이다.

이 분류에서는 종래 좌익 대 우익, 보수 대 혁신이라는 대립 축은 거의 관련이 없다. 사와 타카미츠 佐和隆光 교토대 교수에 의하면, 보수주의는 경제 영역에서 자유화와 가족 영역에서 복고주의의 결합, 자유주의는 경제 영역에서 복고주의와 가족 영역에서 자유주의의 결합이라는 형태로, 서로의 주장이 교차하는 경향이 있다고 말하지만, 근년에는 반드시 이러한 결합에 맞지 않는 주장을 하는 경우도 많아지고 있다.

'자기책임 강조'와 '복고주의'의 위험

오늘날 사회 변화의 방향성에 대해서, 그것을 긍정적으로 평가하거나 부정적으로 평가하는 것이 나오는 것은 당연하다. 그러나 그 어느 쪽에도 코멘트 할 수 없다. 로버트 라이시가 묘사하듯이, 뉴 이코노미에는 긍정적인 측면, 부정적인 측면 모두 존재하고 있다. 그는 뉴 이코노미를 포기하며 긍정하는 것에는 마이너스 측면에 대한 배려가 부족하다고 경고하고 있고, 그것을 무조건 부정하는 것은 '네오 러다이트(기계 파괴) 운동'이라고 부르며, 쓸모없는 시도라고 단언하고 있다(Robert B. Reich 『The Future of Success』).

독일의 벡, 프랑스의 부르디외, 보드리야르, 영국의 기든스, 그리고 바우만 등 유럽의 사회이론가들도 현대사회가 불안정한 방향으로 나아가고 있다는 점에 대해 경고하고 있다(일본에서는 이요타니 토시오 伊豫谷登士翁, 야마노우치 야스시 山之內靖 등이 『총력전 체제로부터 글로벌화로』 등에서 동일한 주장을 하고 있다). 그러나 그들도 낡은 안정된 세계로 돌아가는 것이 무리라는 것은 알고 있다.

자유화론자의 주장

현대 사회가 발전하는 방향성을 긍정적으로 말하는 논자는 경제·사회의 구조전환이 경제를 활성화시켜 사회를 풍요롭게 유도할 것이라는 점을 강조한다. 종래의 대량생산형 기업은 공장을 제3세계로 이전하여, 하청업체나 계열회사는 도태된다. 반면 IT화, 글로벌화, 서비스화 등에 의한 고부가가치의 새로운 산업이 발흥한다. 그 결과 "종래의 틀에 사로잡히지 않고 능력을 발휘할 수 있는 환경"이 개인에게도 초래된다고 논한다(Peter F. Drucker 『Next Society』).

특히 신문이나 잡지 등에 보도되어 화제가 되고 있는 것은 젊은이나 여성, 거기에 주부라는 종래 직업 사회로부터 배제되어 온 사람들이 활약하고 있는 사례다. 경제적 측면에서 말하면, 다양한 재능을 살려 창업하거나 컨설턴트가 되거나 젊어서 책임이 있는 지위에 발탁되는 등, 직업 세계에서 성공하고 있는 사람을 적극적으로 다루고 있다.

또 가족 영역에서도 적극적으로 싱글 마더인 것을 선택하거나 남편이 전업주부(主夫)로 부인을 돕거나, 네덜란드나 캐나다 등에서 동성애자의 결혼이 승인되는 등 다양한 가족형태가 소개되고 있다. 교육 분야에서도, 종래 학교라는 파이프라인 틀에서 누락된 사람의 활약, 등교거부를 했지만 노력해 변호사가 되거나, 일본에 있는 학교를 떠나 해외에서 공부하여 활약하고 있거나, 학교로부터는 탈락했지만 요리의 세계에서 유명하게 되었다는 등의 사례를 들 수 있다.

뉴 이코노미의 진전은 기존 제도의 틀을 파괴한다. 그래서 이제까지 차별받거나 탈락하고 있던 '능력이 있는 사람'에게 활약의 장소를 제공하는 것은 확실하다.

자유화는 실패자도 만들어낸다

이런 주장은 마치 누구라도 자유롭게 자기실현이 가능한 이상적인 사회가 온 것 같은 논조이다. 그 가운데는 '누구든 빛나는 재능을 가지고 있기' 때문에 그것을 찾아내기만 하면 충실한 생활을 할 수 있다고 말하는 논자도 있다. 확실히 누구든 빛나는 재능을 가지고 있을지도 모르나, 그것과 보통 수준의 '생활'을 할 수 있을지 어떨지는 별개다. 사회의 수요와는 다른 '빛나는 재능'을 아무리 찾아냈다 하더라도 수입으로 직결되지는 않는다.

선택지가 넓어지는 것과 그 선택지의 실현 가능성이 높아지는 것은 별개의 문제이다. 4장에서 언급한 것처럼 직업, 가족, 교육 안에서 '양극화'가 나타나고 있다. 일에 재능이 있거나 인간적 매력이 있는 사람은 파이프라인에서 누락되는 일없이 자신이 원하던 대로 일에 취업하거나 좋아하는 가족형태를 취할 수 있을 것이다. 그러나 자유롭게 활약하는 사람의 뒤에는 파이프라인에서 누락되어 정사원이 되지 못하고 가족을 만들고 싶어도 만들 수 없는 사람들이 있다. 아무리 선택의 자유가 주어져도 그 선택지가 실현되지 않으면 선택지는 없는 것과 같다. 지그문트 바우만이 말하듯이, 유사 이래 평범한 재능의 소유자에게는 자유로운 선택지는 '혐오해야 할 것'이었던 것이다(『Liquid Modernity』).

뉴 이코노미가 진행되고 있는 미국에서는 평균 이하의 재능을 가진 사람의 생활수준은 저하되고 있다. 예를 들면 대학원 졸업의 평균임금은 상승하고 있지만 대졸은 현상유지, 고졸 이하라면 분명하게 저하하고 있다(도표 9-1, 본 도면에서는 '대학원 졸업' 생략). 일본에서도 타치바나키橘木 등이 지적하듯이 분명히 격차가 확대하고 있다(橘木俊詔『日本の經濟格差』).

도표 9-1 미국의 학력별 연수입

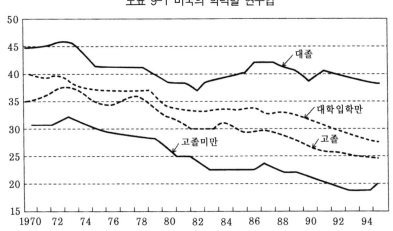

출처: Current Population Surveys, U.S. Department of Commerce, Bureau of Conaus. 구로사와 마사코「고등교육 시장의 변천」
주: 25~34세의 남성 풀타임 고용자의 연수입 평균치

자기책임의 강조 ─ 희망의 박탈

이러한 사실에 대해 뉴 이코노미 추진론자는 "그건 자기책임이다. 즉 장

래의 생활에 리스크가 있다는 것을 알고 있으면서, 그것을 실현할 수 없었던 것은 자신의 재능이나 노력이 부족했기 때문이며, 찬스가 있는데도 그것을 살릴 수 없었던 사람이 나쁘다"고 대답할 것이다. 물론 패자에 대해서는, 안전망(safety network)을 준비하여 최저한의 생활을 유지할 수 있도록 한다. 그러면 사람들은 안심하고 리스크에 도전할 수 있게 된다고 한다. 안전망은 미국의 메디케이드(저소득자용 건강보험제도)나 일본의 생활보호 등을 생각하면 된다.

이 제도를 이용하면 계속 생존할 수 있다. 다만 이런 최저한의 경제 보장은 사람들에게 안심이나 희망을 가져올 것인가? 필자가 8장에서 지적한 것처럼, 뉴 이코노미의 '패자그룹'이란 단지 생활을 할 수 없어서, 주거가 없어지거나 굶주림에 괴로워하는 사람들만은 아니다. '생활에 희망을 가질 수 없는 사람들'이다. 상대적으로 풍요로운 사회에서는 인간은 빵만으로 살아가지 않는다. 희망을 가지고 살아가는 것이다. 뉴 이코노미가 초래한 격차는 희망의 격차다. 일부의 어떤 사람은 노력이 올드 이코노미의 시대 이상으로 보상받지만, 그 반대측에는 노력이 보상받지 못한다고 느끼는 사람도 있다. 뉴 이코노미가 평범한 능력의 소유자로부터 빼앗고 있는 것은 '희망'인 것이다.

안전망으로 말하자면, 경제적 안전망뿐만이 아니라 심리적 안전망이야말로 구축해야 한다.

통제는 침체를 초래한다

한편 라이시가 '네오 러다이트(기계 파괴) 운동'이라고 부른 아이디어도 나왔다. 그것은 과거의 시스템을 그리워하며 새로운 사회가 초래하는 것을 배제하려고 하는 움직임이다. 이것은 일본에서는 규제완화나 구조개혁에 대한 반대론, 신중론으로서 고도성장기의 안심 사회의 부활을 목표로 하려는 것이다. 흥미로운 것은 이러한 주장이 보수주의자로부터 좌익에 이르기까지 사상의 신조에 관계없이 나타난다는 점이다.

즉 기업은 종신고용을 부활해서 아르바이트를 고용하는 것을 금지하고, 공공사업이나 업계지도로 지방이나 중소기업을 보호하며, 학교를 졸업하면 그 학력에 걸맞은 직업에 종사하게 하는 것을 기업에 의무화해서 남편은 일, 아내는 가사라는 성역할 분업을 표준으로 해서, 이혼하기 어렵게 하고 거기서 누락된 형태에는 페널티를 부과한다는 주장이다.

그러한 후퇴가 실현된다고도 생각하지 않고, 실현되었다고 대외, 대내적으로 잘될 것은 없다. 현재 일본 사회 상황과 국제 환경이 고도성장기와는 완전히 차이가 나기 때문이다.

우선 기업에 더 이상의 부담을 부과하는 것은 불가능하다. 경제가 글로벌화 하고 있으므로 해외 기업과의 경쟁에 지게 된다. 자원이 없는 일본에서는, 생산성이 높은 수출기업이 경쟁에 져서 넘어져 버리면 사회 전체적으로 현재의 생활수준을 유지할 수 없게 된다는 것은 명백하다. 내적으로도 종신고용·연공서열 임금제를 부활하면 재능이 있는 젊은이의 불만이 높아지게 된다.

여기서도 경제적 침체 이상으로 심리적 침체가 무서운 것이다. 고도성장기의 일본에서는 아직 생활 자체가 궁핍했기 때문에 대부분의 사람은 희망을 가지고 열심히 일해서 가족을 형성할 수 있었다. '풍요로운 생활'이라는 목표가 있고, 그것을 실현 가능하게 하는 경제성장이 있었기 때문에 희망과 안심의 양립이 가능했다.

지금 풍요롭고 글로벌화하고 있는 사회 속에서 안심사회를 목표로 하여 규제를 강화하면, 일할 의욕이 있는 기업이나 재능이 있는 사람들은 반드시 해외로 나가 버릴 것이다. 바우만이 강조하듯이, 우량 기업이나 능력 있는 사람이 나라를 선택할 자유를 얻는 시대가 되었다(『Liquid Modernity』). 남은 사람도 직업·가족·교육에 완전히 걱정이 없어지면 오히려 반대로 안온해져서, 사람들은 풍요로운 사회에 매몰되어 활력있게 살아갈 수 없게 될 것이다. 즉 '희망 없는 안심'은 침체를 가져온다. 아니, 이미 그러한 징조는 나타나고 있다. 따라서 일본 사회의 글로벌화에 대한 적응을 걱정하

고 있는 사람들은 규제완화나 구조개혁을 시급하게 진행할 것을 요구하고
있는 것이다.

9-2. 개인적 대처의 한계

생활 방위 지침서의 범람

양극화, 리스크화되어 가는 사회에 대해 개인은 자신의 생활을 지키려고
행동한다. 여기까지 읽은 독자도 자신이나 자녀의 장래 생활에 관해서 무엇
인가 해야 한다고 느끼고 있을 것이다.

불안정해지는 사회를 바라보며, 생활을 방어하는 방법, 리스크 대처법을
안내하는 기사나 책이 눈에 띄게 되었다. 이러한 경향은 일본뿐만이 아니라
미국이나 유럽에서도 같은 경향이 나타나고 있다(Robert B. Reich 『The
Future of Success』, Zygmunt Bauman, 『Liquid Modernity』 참조). 버블기에는
얼마나 생활을 여유롭게 즐길 것인가, 그리고 얼마나 편히 돈벌이를 할 것인
가 하는 기사나 책이 만연하고 있던 것과 비교하면 격세지감을 느낀다.

기존 제도에 매달리는 것은 점차 어려워진다

최근 몇 년 사이에 발행된 생활 지침서나 잡지기사, 특집은 '개인에게 좀
더 능력이나 매력을 향상시킴으로서 문제 극복을 촉진하는 것'과 '생활에 대
한 생각을 변화시킴으로써 문제 극복을 목표로 하는 것' 두 가지로 나눌 수
있다. 더욱 최근 눈에 띄기 시작한 것은 "기존 제도에 매달려라!" 하는 기사
이다.

정사원으로 취업하고 있는 사람에게는 "회사를 그만두지 말라", 프리터
에게는 "어쨌든 정사원이 되어라" 등, 올드 이코노미에 집착하도록 충고하
고 있다. 또한 정리해고가 없으며 연공서열로 급여가 오르는 '공무원'이 인
기직종으로 지망자가 쇄도하고 있다(도표 9-2). 어느 결혼정보 회사의 조사

에 의하면 딸에게 결혼시키고 싶은 남성의 직업 넘버원에 공무원이 올라오고 있다.

도표 9-2 공무원 시험의 경쟁률

국가1종 법률직	20.4	국세 전문직	13.5
국가1종 경제직	11.9	노동기준 감독관	42.1
국가1종 행정직	202.0	법무교관	14.2
국가2종 (합계)	9.2	도쿄도(都) 1종	31.6

주: 지원자 수 ÷ 최종합격자 수 (2002년)

프리터로 있는 것보다는 정사원으로 있는 편이 안정되어 있으며, 같은 정사원에서도 중소기업보다 대기업, 민간기업보다 공무원 쪽이 리스크가 적다. 그러나 최근에는 "정리해고가 30대까지 확대되고 있다"는 기사가 나오는 등, 대기업 정사원이라 해도 안심할 수 없게 되었다. 또 정규 공무원 채용 자체가 축소되어, 관공서도 비정규직 채용이 많아지고 있다. 특히 도서관이나 박물관 등 직원의 대부분이 비정규직이라는 곳도 있다. 또 교육 카운슬러 등 새로운 직종에서는 그 채용의 대부분이 계약 직원 등 비전임이다. 그리고 공무원에도 평가제도가 도입되어야 한다.

기존 제도에 집착하는 전략은 누구나 취할 수 있는 것은 아니며, 전원이 공무원이 될 수 있는 것도 아니다. 뉴 이코노미가 일본 경제에 침투하면 할수록, 이 전략은 점차 어려워진다.

노력의 한계

무수히 많은 '생활지침' 가운데 최근 급격히 증가하고 있는 것은 개인에게 "능력이나 매력을 키워라, 그러기 위해 좀 더 머리를 써라, 노력하라"고 말하는 것이다. 이는 리스크화한 사회에 적합한 인간을 목표로 한다는 의미에서 매우 합당한 주장으로 보인다. 지금은 리스크에 견딜 수 있는 경제적 능력이나 인간적 매력을 자신의 책임으로 돌리는 시대가 되었다.

직업에 이어 취업을 위한 예비학교가 성황인데, 공무원 시험을 준비하는 사람의 상당수가 다니고 있다. 그리고 약제사나 영양사 등 자격을 취득할 수 있는 대학의 학과 인기는 높아지고 있다. 창업의 권유로부터 부업의 권유, 좋은 전직(轉職) 방법, 당신에게 알맞은 유리한 자격을 소개하는 기사나 매뉴얼 책은 이루 헤아릴 수 없을 정도이다.

가족생활에서도 이상적인 결혼상대를 찾아내기 위한 안내서에서 만남을 알선하는 기업이나 단체, 이혼·재혼을 지원하는 단체나 기업까지 다양하다. 그리고 노후에 여유 있는 생활을 하기 위해서는 연금 이외에 어느 정도 자금이 필요하다고 하는 기사로 떠들썩하다.

교육 분야에서는 공립학교(중학교, 고등학교)의 학력 저하, 그 이상으로 의지 저하를 피하기 위해 불황에도 불구하고 교육 내용이 견실한 사립학교의 인기가 높아지고 있다.

그러나 이러한 방책은 리스크화, 양극화에 개인적으로 대처하기 위해 통상 이상의 노력을 요구한다. 학교에 들어가는 것만으로는 취업을 하지 못하고, 취업을 하더라도 자기 연마에 힘쓰지 않으면 안 되며, 결혼하기 위해서도 자녀의 교육을 위해서도 종래보다 더 많은 돈이 들어간다.

이러한 노력은 원래 능력이 있거나 매력이 있는 사람이 함으로써 처음으로 열매를 맺는 것이다. 아무리 생각하고 노력을 해도 '자리 수'가 한정되어 있는 경우는 원래부터 업무 능력이나 매력이 있는 사람이 유리하다. 앞서 말한 것처럼 능력이나 매력을 몸에 익히기 위해서는 돈이 필요하다. 또한 노후에 연금 이외에 어느 정도의 자금이 필요하다고 해도 그것을 조달할 수 있는 사람은 겨우 소수의 사람이다. 능력이나 매력, 자금이 없는 사람들에게 아무리 '자기 책임'으로 리스크에 대처하라고 해도 그 방법은 없다.

그리고 개인이 업무 능력이나 매력을 익힐 수 있도록 노력해도 그것이 보상받는다는 보증이 없다. 비록 학교 이외에 전문학교나 직업 훈련학교에 다녀 어느 정도 기능을 몸에 익혔다고 해서 일자리가 보장되는 것은 아니다. 노후 자금을 준비해도 부부가 같이 100세까지 장수하면 자금도 바닥난다. 즉 리스크에 대처하는 것 자체도 '리스크화' 하고 있는 것이다. 특히 2004년도 개설된 법과대학원도 1학년 정원이 약 6,000명인 것에 대해, 사법시험 합격자수는 현재 매년 1,300명 전후에 지나지 않는다. 비록 합격자수를 3,000명으로 출입문을 넓혀도, 졸업생으로 사법시험에 합격하는 사람은 2분의 1로 나머지 2분의 1은 돈과 시간을 들여 2년간 공부해도 일생 법조인 자격을 취득할 수 없는 것이다.

사회가 양극화, 리스크화로 인해 불안정해지면, 그 불안정에 적응하기 위한 개인적 대처 자체가 양극화, 리스크화 하게 된다. 어느 젊은이에게 인터뷰하자, "노력하라는 말에 완전히 지쳐버렸다"고 하는 답을 들었다. 노력하면 무엇이든 된다는 말을 계속 듣고 공부해 왔지만, 결국 일자리나 생활의 전망도 불투명한 상태가 되어, 그것도 "노력 안 했으니 그렇지!"라는 말을 듣는 것이 더 괴롭다고 말하고 있었다.

발상의 전환

개인적 능력이나 매력을 익히려는 안내서가 만연하는 가운데 "생활에 대한 생각을 전환시켜, 불안정한 사회를 극복하라"는 안내서도 나와 있다. 그 발상은 모리나가 森永卓郎의 베스트셀러 『연 수입 300만엔 시대를 살아남는 경제학』에 전형적으로 나타나고 있다. 능력을 익혀 위를 목표로 하는 것을 버리고, 연 수입 300만엔을 전제로 생활을 조정하면 얼마든지 즐겁게 살 수 있다고 하는 대책이다.

확실히 직업이 양극화하더라도 성실히 노력하기만 하면 대부분의 사람은 연 수입 300만 엔은 벌 수 있을 것이다. 부부맞벌이로 연 수입600만 엔이면 자녀를 기르면서 어느 정도의 생활이 가능하다. 거기서 분수에 맞는 생활을 해서 돈이 들지 않는 취미나 가족의 단란을 즐기며 행복한 생활을 보내는 것이 가능하다.

또한 최근에는 슬로우 라이프(slow life)나 로컬 라이프(local life) 등, 악착같이 일하는 것을 옳다고 하지 않고 내 스타일로 일하며 시간적, 정신적 여유를 얻는다는 라이프스타일도 꽤 관심을 모으고 있다. 필자도 참가하고 있는 내각부의『생활 달인 프로젝트(2003년)』에서는, 이러한 생활을 실천하고 있는 사람을 모아 팸플릿을 만들거나 각지에서 '생활 달인 견본 전시회'라는 심포지엄을 열어 매우 인기가 있었다.

그러나 현대 일본인에게 고도성장기에 경험한 풍요로운 생활, 자녀의 고학력, 목표로서 교외의 마이홈 마련 등을 단념하게 할 수 있을까? 일본인은 대등의식이 강하다. 특히 고도성장기에는 중류의식이 확산되어 다른 사람과 '소비 생활'에서 차이가 나는 것을 싫어하는 의식이 형성되어 버렸다.

이 점을 생각하면, 생각을 바꾸어 이러한 라이프스타일을 실천할 수 있는 사람은 타인(이 타인에는 가족이나 친척, 친구도 포함)의 눈을 의식하지 않고도 생활할 수 있는 상당한 '자신가'에 국한된다. 그러한 자신을 가지기 위해서는 상당한 지식과 돈이 필요하다. 결국 이 방법도 그대로는 승자 그룹의 '하나의 라이프스타일'이 되어 버릴 공산이 큰 것이다.

더욱 연수입 300만 엔에 관해서 말하면 그것을 벌 수 있을지 어떨지도 의심스럽다. 도쿄東京 등 대도시에서는 연 수입 300만 엔의 일자리를 찾아내는 것은 어렵지 않지만 생활비도 비싸다. 한편 변두리에서는 연 수입 300만 엔 있으면 충분히 여유롭게 살 수 있지만, 그러한 돈을 벌 수 있는 일자리가 적다.

9-3. 공공적 대처의 재건

공공적 대처의 필요성

리스크화하여 양극화하는 사회를 그냥 방치하면 사회 질서가 위험에 노출되고 프리터 증가 및 소자녀화에 의한 사회 보장, 사회의 재생산 기반이 위협받게 된다. 고도성장기의 안심 사회로 돌아오기 위해 큰 정부로 돌아와 공적 규제를 강화하면 일본 사회가 세계로부터 뒤쳐져 침체로부터 쇠퇴로 향할 것은 틀림이 없다. 그렇다고 해서 리스크나 양극화 현상은 개인으로 대처하기에는 문제가 너무 크다.

이 책에서 다룬 라이시, 부르디외, 그리고 바우만 등의 논자도 사회질서를 지키고 사회를 활성화하려면 공공적인 대처가 필요하다고 말한다. 다만 그것은 과거 공공정책의 연장으로는 무리다.

과거 공공정책(여기서는 사회정책이라는 의미로 사용)은 큰 정부로서 돈을 거두어 재배분하고, 복지정책으로서는 생활보호나 실업보험 등의 안전망을 구축하여 사회적으로 최저생활을 보장해 왔다. 이러한 정책은 불필요하게 된 건 아니지만, 리스크화나 양극화에 의해 의지를 잃은 사람에게 희망을 갖게 하기엔 역부족이다. 전후부터 고도성장기까지는 큰 정부가 기업이나 업계를 보호하고 거기에서 낙오된 개인을 구제하기 위해 재배분을 통해 복지정책을 실시하면 '희망'은 알아서 사람들에게 넘쳐났었다. 즉 "노력하면 풍요로운 생활이라는 형태로 보상 받는다"는 희망이 있었기에 두 가지 정책이 유효했던 것이다.

8장에서 지적한 점을 다시 반복하지만, 현재 나타나고 있는 문제는 '경제생활' 문제 이상으로 심리적인 것이다.

개인적 대처의 공공적 지원

그러면 무엇을 하면 좋은가? 라이시 등의 논의가 시사하는 점은 '개인적 대처에 대한 공공적 지원'이 필요하다는 것이다. 필자는 리스크화나 양극화에 견딜만한 개인을 공공적 지원을 통해 만들어 낼 수 있을지 어떨지가, 향후 일본사회 활성화의 열쇠가 된다고 믿는다.

거기에는 개인적 대처의 한계 부분에서 언급한 결점을 공공적으로 보충하는 것이 필요하다. 능력을 익히고 싶어도 자금력이 없는 사람에게는 다양한 형태로 능력개발 기회를, 그리고 노력하면 그 만큼 보상받는다는 것을 실감할 수 있는 구조를 만드는 것이다.

"기회만 제공하고 결과는 모른다"는 시스템이 많은 젊은이를 낙담시키고 있다. 학교 시스템, 직업훈련 시스템에서는, 이 정도 노력하면 졸업, 혹은 자격을 획득하면, 이 정도 일에 종사할 수 있고 수입을 얻을 수 있다고 하는 보장을 붙인 메커니즘을 만들어야 하는 것이다. 그것도 양극화를 전제로 하면, 누구라도 할 수 있는 비교적 단순노동에 대해, 노력해서 기술(skill)을 익히면 어느 정도 평가된다고 하는 시스템의 도입이 바람직하다. 그것이 있으면 인생 설계상 '중기' 전망을 세울 수 있다.

예를 들면 마사지업계 등에서는 학교 졸업생이 계열점(系列店)에서 일할 수도 있고 창업할 수도 있는 시스템을 택해 성공하고 있다. 이것이라면 그만큼 임금은 비싸지 않다고 해도, 최악의 경우 계열점에서 고용해 줄 수 있다는 '중기' 전망이 생긴다. 또 일부 패스트푸드 기업이나 슈퍼마켓 등에서는 파트나 아르바이트도 승진 시험을 볼 수 있어 계약사원이나 정사원으로 등용하는 시스템을 도입하고 있는 곳도 있다. 거기에서 어느 정도 노력하면, 어느 정도 지위에 확실히 취업할 수 있다는 기준이 더해지면, 장래를 전망할 수 있다. 즉 단순한 일시적인 아르바이트가 아니라 그 일의 경험을 살리려고 하는 사람에게 보상하는 시스템을 만드는 것이 중요하다.

그리고 자신의 능력에 비해 과대한 꿈을 갖고 있기 때문에 취업을 못하고 있는 사람들에 대한 대책을 세우지 않으면 안 된다. 그래서 과대한 기대를 진정시키는 '직업 카운셀링'을 시스템화할 필요가 있다. 쿠기모토가 말하듯이, 너무나 '하고 싶은 것'이 지나치게 강조되어 프리터는 과대한 기대를 하지 않을 수 없는 상황으로 내몰리고 있다. 그렇다고 해서 "단념해!"라고 직접 말하면 지금까지 해온 노력을 없는 것으로 하라고 말하는 것과 같다. 따라서 카운슬링 등을 도입해서 자신의 능력과 지금까지 해 온 노력과 기대치를 조정하여 납득시켜 단념하게 하고 진로를 바꿔 줄 필요가 있다. 이것은 프리터에 대해서 뿐만 아니라 학교 교육에 도입하는 것도 바람직하다. 미국에서는 학교 교육에서 직업 레벨까지, 카운슬링이나 컨설팅 제도가 충실하므로, '노력을 가능한 한 쓸모없게 하지 않도록' 과대한 기대를 단념하게 해서 능력에 맞는 취업을 하도록 유도하고 있다. 이 효과 때문에 뉴 이코노미에 의한 일자리 양극화가 생겨도 꿈꾸는 프리터의 대량 발생이라는 문제가 일어나지 않는 것이다.

다음으로 가족 영역에서는 매력을 갖도록 지원할 필요가 있다. 여기에서는 외적 매력은 별개로 하고 '커뮤니케이션 능력'만을 생각하고 싶다. 이것은 가족관계뿐만 아니라 직업이나 공적생활에서도 필요한 능력이다. IQ에 대응해서, EQ(emotion quality)라 이름 붙인 논자도 있다. 일본에서는 학교교육을 비롯해 커뮤니케이션 능력을 공적으로 학습하는 장소가 없다. 그것은 ① 파이프라인 시스템이나 중매결혼 등에 의해 커뮤니케이션에 자신 없어도 취업이나 결혼을 할 수 있었고, ② 취업 후 OJT(on the job training) 훈련을 받거나, 혹은 결혼 후 생활을 통해 커뮤니케이션 능력을 배워서, 또한 ③ 요구되는 커뮤니케이션 레벨이 낮았기 때문이다.

하지만 오늘날과 같이 취업에도 가족 관계의 형성, 유지에도 커뮤니케이션 능력이 필요하게 된 시대에는 커뮤니케이션 능력의 격차(즉 매력의 격차)가 생활을 하는데 있어 큰 의미를 가져온다. 이 능력이 있으면 불행한 가족의 해체를 막을 수 있다. 그래서 공적으로 커뮤니케이션 능력을 익히는 것을 지원할 필요가 있다.

중매산업이나 공적인 남녀의 만남을 목적으로 한 파티 등이 비판받는 일이 종종 있다. 사적인 배우자 선택을 기업이나 공적 기관이 취급하는 것에 대한 저항이 강하다. 그러나 필자가 강사로 참가한 인상을 말하자면, 이것은 만남의 파티란 이름을 빌린 커뮤니케이션 훈련과 카운슬링 장소라는 기능을 하고 있다. 자신의 커뮤니케이션 능력이 부족함을 자각하고 자신의 이상과 똑같은 상대가 존재하지 않는다는 것을 경험을 통해 배우는 장소인 것이다.

사회보장제도에 관해서 말하면, 다양한 가족 리스크에 대응하는 제도가 바람직하다. 현재의 제도(연금 제도 등)는 표준적 가족(남편이 일, 아내가 전업주부)을 평생 계속하는 경우에 가장 유리하게 설정되어 있다. 그러나 현실의 가족은 리스크화하고 있다. 샐러리맨-주부형 가족을 형성할 수 없거나 이혼 등으로 인해 이를 유지할 수 없을 때, 어떤 공적 보장이 있는지에 관해 젊은이들이 가장 관심을 가지고 있으며 또한 불신을 하고 있는 것이다.

그리고 발상의 전환에 관해서도 공적 지원이 필요하다. 수입은 낮아도 좋으니까 편하게 농사를 짓고 싶다, 텔레워크(tele-work)로 살고 싶다, 일생 혼자서 생활하고 싶다 등, 새로운 라이프스타일을 목표로 하는 사람은 장래에 더욱 증가하리라 생각된다. 그들에 대한 구체적인 실현가능한 지원책을 준비할 필요가 있다.

신속한 종합 대책을

앞에 예로 든 '개인적 대처의 공적 지원' 방안은 정부, 지자체, 기업 등에 의해 이미 시행되고 있는 것도 있고 검토 과제에 포함되어 있는 것도 있다. 그러나 문제는 종합성과 스피드이다.

젊은이 대책이라면 교육 현장으로부터 기업, 정부기관 등 여러 곳에서 제각각 행해지고 있는 대책을 통합해서 생각할 필요가 있다. 그것도 교육, 직업, 가족생활의 영역은 모두 연결되어 있다. 그보다 생활은 오히려 종합적인 것이다. 좋은 교육이 이루어져도 직업으로 연결되지 않기도 하고 취업을 해도 결혼할 수 없거나 해서는 아무것도 아니다. 한 영역의 대책을 세웠다 해도, 젊은이로서는 '종합적인 비전'이 제시되지 않는 이상, 그것을 자신의 인생 설계안에 포함시킬 수가 없을 것이다. 종합적인 비전아래 다양한 대책을 평가해야만 효과적인 것이 된다.

또한 스피드도 중요하다. 프리터든 미혼자든 자포자기형 범죄든 1998년부터 급증하고 있다는 것은 앞서 살펴본 바와 같다. 아무리 훌륭한 대책이 나와도 그것을 부분적으로 조금씩 처리하면 효과가 없다. 필자는 소자녀화 대책 심포지엄에서 '과달카날의 교훈'(2차대전 당시 일본군이 태평양 솔로몬군도 과달카날Guadalcanal 전투에서 얻었다는 교훈—역주)을 예로 들자, 많은 사람이 어리둥절해 했다. 태평양전쟁 중 남방의 작은 섬을 둘러싸고 일본과 미국이 쟁탈전을 펼치고 있었을 때, 일본군은 전력을 조금씩 투입했는데 결국 각개 격파를 당해 패배했다. 후생노동성厚生勞働省이 밝힌 소자녀화 대책은 그 방향성이나 각 시책은 잘못되어 있진 않지만, 어쨌든 부분적으로 조금씩 시행하고 있다는 인상을 지울 수 없다.

로버트 라이시가 뉴 이코노미 대책을 제안하는 가운데 성인은 6만 달러(평균 연 수입을 염두에 둔 것으로 추정된다)를 국가가 지급하도록 하자는 제안을 하고 있다. 이 돈으로 대학에 가서 자신에게 투자를 하거나 창업을 해도 좋고, 유망한 기업에 투자하거나 NPO를 공동으로 시작하는 자금으로 활용해도 좋다. 다만 이 제안을 어느 심의회에서 소개하자, 일본의 캥거루족 젊은이는 자동차나 브랜드 상품에 사용해 버리기 때문에 쓸데없다는 말을 들은 기억이 난다.

또 작가 무라카미 류村上龍는 『13歲のハローワーク』(13세의 헬로워크. 열세 살부터 어른에 이르기까지 좋아하는 꽃, 동물, 스포츠, 공작, 영화, 음악, 요리 등을 직업으로 선택할 것을 권하며, 파견, 창업 등 직업관련 정보를 정리한 책)를 써서 베스트셀러가 되었다. 이 제안도 개인적으로 제각각 시행하는 것은 효과가 적다. 정부가 13세의 헬로워크사업, 결국 캐리어 카운슬링 사업을, 학교 교육 그리고 생애교육에 대대적으로 몰두할 정도의 대책이 필요한 것이다(이것은 고하마 이츠오(小浜逸郎)가 『올바른 성인화 계획』에서 주장하고 있는 것에 가깝다).

그리고 자립해서 생활할 수 없는 고령자에게 연금이 있듯이, 젊은이에게도 '역연금(逆年金)'제도를 만들 수는 없을까? 세대간 도움을 가장 필요로 하고 있는 쪽은 젊은이이다. 이것은 자립할 수 있게 될 때까지 돈을 대여해서 훗날 변제시키는 제도이다.

이러한 제도를 포함해서, 효과적인 대책을 시급히 그리고 명확히 내세울 정도의 사회적 결의가 없으면, 사회의 불안정은 더욱 심각해질 것임에 틀림없다.

참고문헌

저자 알파벳순서. 역서가 없는 것은 원서와 번역 타이틀을 붙여 놓았다
역서의 출판년은 원저=역서의 순서로 표기했다.

ハンナ・アーレント(志水速雄譯)『人間の條件』一九五八=一九九四、ちくま學藝文庫

ピーター・バーンスタイン(青山護譯)『リスク』一九九六=一九九八、日本經濟新聞社

ジグムンド・バウマン(森田典正譯)『リキッド・モダニティ』二〇〇〇=二〇〇一、大月書店

　　〃　　『The Individualized Society(個人化する社會)』二〇〇一、未譯

　　〃　　『Wasted Lives(使い捨て人生)』二〇〇四、未譯

ウルリッヒ・ベック(東廉、伊藤美登里譯)『危險社會』一九八八=一九九八、法政大學出版局

　　〃　　『Individualization(個人化)』二〇〇一、未譯

ダニエル・ベル(德永洵譯)『脱工業社會の到來(上下)』一九七三=一九七五、ダイヤモンド社

ジャン・ボードリヤール(塚原史譯)『不可能な交換』一九九七=二〇〇二、紀伊國屋書店

ピエール・ブルデュー(加藤晴久譯)『市場獨裁主義批判』一九九七=二〇〇〇、藤原書店

マニュエル・カステル『Networks Society(ネットワーク社會)』二〇〇二、未譯

ステファニー・クーンツ(岡村ひとみ譯)『家族という神話』一九九二=一九九八、筑摩書房

　　〃　(岡村ひとみ譯)『家族に何が起きているのか』一九九七=二〇〇三、筑摩書房

ピーター・ドラッカー(上田惇生譯)『ネクスト・ソサエティ』二〇〇二=二〇〇二、ダイヤモンド社

江原由美子、山田昌弘『改訂新版ジェンダーの社會學』二〇〇三、放送大學テキスト

ジョン・グレイ(石塚雅彦譯)『グローバリズムという妄想』一九九八=一九九九、日本經濟新聞社

玄田有史『仕事のなかの曖昧な不安』二〇〇一、中央公論新社

　"　　『ジョブ・クリエイション』二〇〇四、日本經濟新聞社

玄田有史、曲沼美惠『ニート』二〇〇四、幻冬舍

アンソニー・ギデンズ(佐和隆光譯)『暴走する世界』一九九九=二〇〇一、ダイヤモンド社

原田泰『「大停滯」脱却の經濟學』二〇〇四、PHP研究所

橋爪大三郎『世界がわかる宗教社會學入門』二〇〇一、筑摩書房

樋口美雄、財務省財務總合政策研究所編著『日本の所得格差と社會階層』二〇〇三、日本評論社

アーリー・ホックシールド(石川准、室伏亞希譯)『管理される心』一九七八=二〇〇〇、世界思想社

　　〃　　『Time Bind(時間の拘束)』一九九七、未譯

保坂亨『學校を缺席する子どもたち』二〇〇〇、東京大學出版會

稻泉連『僕らが働く理由、働かない理由、働けない理由』二〇〇一、文藝春秋

伊豫谷登士翁編『グローバリゼーション』二〇〇二、作品社

ジル・ジョーンズ、クレア・ウォーレス(宮本みち子、德本登譯)『若者はなぜ大人になれないの
　　か』一九九二=一九九六、新評論

苅谷剛彦『大衆教育社會のゆくえ』一九九五、中公新書

　　〃　　『階層化日本と教育危機』二〇〇一、有信堂高文社

木本喜美子『家族・ジェンダー・企業社會』一九九五、ミネルヴァ書房

小浜逸郎『正しい大人化計畫』二〇〇四、ちくま新書

小杉禮子『フリーターという生き方』二〇〇三、勁草書房

小杉禮子編『自由の代償』二〇〇二、勞働研究機構

久木元眞吾「「やりたいこと」という論理」二〇〇三、『ソシオロジ』48-2

デボラ・ラプトン編『Risk and sociological theory(リスクの社會理論)』一九九九、未譯

松原隆一郎『消費資本主義のゆくえ』二〇〇〇、ちくま新書

三浦展『「家族」と「幸福」の戰後史』一九九九、講談社新書

　　〃　『ファスト・風土化する日本』二〇〇四、洋泉社

宮本みち子『若者が《社會的弱者》に轉落する』二〇〇二、洋泉社新書

　　〃　『ポスト青年期と親子戰略』二〇〇四、勁草書房

宮本みち子、岩上眞珠、山田昌弘『未婚化社會の親子關係』一九九七、有斐閣

森永卓郎『年收300萬円時代を生き拔く經濟學』二〇〇三、光文社

森重雄『モダンのアンスタンス』一九九三、ハーベスト社

村上龍『希望の國のエクソダス』二〇〇〇、文藝春秋

　　〃　『13歳のハローワーク』二〇〇三、幻冬舍

永田夏來「夫婦關係にみる結婚の位置づけ」『年報社會學論集』15號、二〇〇二

內閣府編『平成13年度國民生活白書——家族の暮らしと構造改革』二〇〇一

　　〃　『平成15年度國民生活白書——デフレと生活、若年フリーターの今』二〇〇三

　　〃　『生活達人見本市』二〇〇四

アントニオ・ネグリ、マイケル・ハート(水嶋一憲、酒井隆史、浜邦彦、吉田俊實譯)『〈帝國〉』
　　二〇〇〇=二〇〇三、以文社

ランドルフ・ネッセ「The Evolution of hope and despair」'Social Research'一九九九、
　　summer.

野村正實『雇用不安』一九九七、岩波新書

落合惠美子『近代家族の曲がり角』二〇〇〇、角川書店

小鹽隆士『教育を經濟學で考える』二〇〇三、日本評論社

ダニエル・ピンク(池村千秋譯)『フリーエージェント社會の到來』二〇〇一=二〇〇二、ダイヤモ
　　ンド社

ロバート・ライシュ(中谷巖譯)『ザ・ワーク・オブ・ネーションズ』一九九一、ダイヤモンド社

　　〃　(清家篤譯)『勝者の代償』二〇〇一=二〇〇二、東洋經濟新報社

バートランド・ラッセル(市井三郎譯)『西洋哲學史』一九八二=一九八五、みすず書房

齋藤環『社會的ひきこもり』一九九八、PHP新書

齋藤環監修、NHK「ひきこもりサポートキャンペーン」編『ひきこもり』二〇〇四、日本放送出版
　　協會

佐藤俊樹『不平等社會日本』二〇〇〇、中公新書

酒井順子『負け犬の遠吠え』二〇〇三、講談社

盛山和夫「職格差をどう問題にするか」『家計經濟研究』二〇〇一夏號

竹內洋「學歷中流願望の盛衰と含意」『家計經濟研究』二〇〇一夏號

橋木俊詔『日本の經濟格差』一九九八、岩波新書

〃　『安心の經濟學』二〇〇二、岩波書店

〃　『家計からみる日本經濟』二〇〇四、岩波新書 [250]

東京都生活文化局「親子關係に關する調査報告書」二〇〇三年三月

上野千鶴子 『近代家族の成立と終焉』一九九四、岩波書店

和田秀樹 『學力崩壞』一九九九、PHP研究所

〃　『幸せになる嫉妬　不幸になる嫉妬』二〇〇一、主婦の友社

渡辺和博＋タラコ・プロダクション 『金魂卷』一九八四、主婦の友社

マックス・ウェーバー(大塚久雄譯) 『プロテスタンティズムの倫理と資本主義の精神』一九八九、
　　岩波文庫

山田昌弘 『結婚の社會學』一九九六、丸善ライブラリー

〃　『パラサイト・シングルの時代』一九九九、ちくま新書

〃　『家族というリスク』二〇〇一、勁草書房

〃　『家族ペット』二〇〇四、サンマーク出版

〃　『パラサイト社會のゆくえ』二〇〇四、ちくま新書

山岸俊男 『安心社會から信頼社會へ』一九九九、中公新書

山之內靖・酒井直樹編著 『總力戰體制からグローバリゼーションへ』二〇〇三、平凡社

山下和美 『天才柳澤教授の生活』講談社

矢野眞和 『教育社會の設計』二〇〇一、東京大學出版會

八代尚宏編 『市場重視の教育改革』一九九九、日本經濟新聞社

財團法人家計經濟研究所 「季刊家計經濟研究」二〇〇一夏　通卷第五一號

맺는 말

필자가 근무하는 도쿄학예대학 東京學藝大學 도 다른 대학과 같이 취업 상황이 좋다곤 말할 수 없다. 초등학교 교원 지망자에 관해서는, 퇴직자 보충 수요도 있어 합격률도 향상되는 경향을 보이고 있다. 그러나 중·고등학교 교원, 공무원, 일반기업 직원, 사서(司書)나 학예원(學藝員)을 목표로 하는 사람, 대학원 수료자 등은 상당히 고전하고 있다.

10년 전에는 생각할 수 없었던, 학부 졸업 후 곧 프리터가 되는 사람, 희망하는 취업을 할 수 없어 유급하거나 대학원 석사과정에 가는 사람, 각종 시험(교원, 공무원, 사서, 대학교원 등)을 몇 년이나 계속 치르고 있는 졸업생을 바라보고 있노라면, 무엇인가 학생을 받아들이는 사회 측에 변화가 일어나고 있음을 실감하며, 동시에 슬픔이 북받쳐 온다.

학생에게 능력을 익히게 하여 사회에 유용한 인재를 배출하는 것이 대학인으로서의 필자의 사명이다. 학생이 스스로의 능력을 키워 그것을 활용할 수 있는 장소에 취업하여 일하는 충실감을 느낄 수 있으면 좋겠다는 것이 교육자로서 필자의 소원이다. 그러나 그것이 잘 되지 않는다.

잘 되지 않는 것이 학생들만의 책임이라곤 할 수 없다. 이 책에서 살펴본 것처럼, 리스크화·양극화하고 있는 가운데, 제도가 사회 변화를 좀처럼 따라가지 못한다. 그 결과 하고자 하는 의욕을 상실하는 젊은이가 증가하고 있으며, 희망 격차가 발생하고 있는 것이다.

어쨌든 이러한 현상을 학생들이 인식하고 있어야만 한다고 생각해서, 2001년부터 리스크화, 양극화, 이에 따른 생활 세계의 변화에 관하여 강의하기 시작했다. 그 강의록이 이 책의 기초가 되었다. 9장에서도 언급한 것처럼, 강의 후 교수님의 이야기를 들으면 어두워진다고 하는 감상도 있었지만 대체로 호평이었다. 그러면 우리들은 어떻게 하면 됩니까? 라는 질문도 많았다. 반대로 지금부터 개인적, 사회적으로 어떻게 대처하면 좋을 것인가? 라는 테마를 리포트의 과제로 한 적도 있었다. 마지막 장은 그러한 학생들과의 대화 가운데 태어났다.

『캥거루족 시대』에서 도움을 받았던 아마노 유코 天野裕子 로부터, 다음 책을 집필했으면 좋겠다는 제안을 받았을 때, 강의 노트를 보이자, 이것을 토대로 하기로 결정되었다. 그리고 아마노와의 대화를 통해 엄격한 지적, 따뜻한 제안 등을 받아 출판에 이르게 되었다.

학예대학의 수강생 아마노 이외에도 많은 분들에게 신세를 졌다. 본 대학의 학생 가와하라 리나 川原梨奈 에게는 도표 정리를 도움받았다. 내각부, 재무성, 후생노동성, 문부과학성, 도쿄도, 북구 北區(東京都) 등의 심의회, 연구회 등에 출석해서, 자료를 받거나 청문을 통해 다양한 입장의 전문가, 운동가, 기업인의 이야기를 들을 수가 있었던 것은 귀중한 체험이며 동시에 연구를 하는 데 매우 유용했다. 이 자리를 빌어 감사의 뜻을 전하고 싶다.

무엇보다도 조사, 연구를 하는 가운데 인터뷰에 응해준 몇 백 명, 질문지 조사에 협력해준 몇 천 명의 일반인들에게 많은 도움을 받았다. 실제로 찾아가 삶의 경험담을 듣고, 삶의 데이터를 모으고 읽는 것이 사회학자로서 필자에겐 '가솔린과 같은 에너지'이며 동시에 즐거움이다. 이 책을 읽는 데 시간을 할애해 준 독자 여러분에게 깊은 감사를 드린다.

2004년 10월 1일
야마다 마사히로 山田昌弘

역자 후기

　　버블경제의 절정기였던 1980년대 후반, 일본인들은 일본사회에 인류 역
사상 처음으로 '대중귀족사회'가 도래했다고 노래한 적이 있었다. 대중귀족
사회란 다수의 일본인, 즉 대중이 고대·중세의 귀족들이 누렸던 정신생활과
여가생활을 즐길 정도의 풍요로운 사회가 되었다는 뜻이다. '일억 총중류'란
말이 상징하듯이, 이 시기엔 일본사회 전체가 희망과 활력이 넘쳐났고, 전
후 일본에서 사회적으로 가장 안정된 시기였으며 범죄발생률이 가장 적었던
시기이기도 했다.
　　그런데 버블경제의 붕괴 이후, "희망격차사회"라는 이 책의 제목이 상징
하듯이, 일본사회에는 인간의 삶의 마지막 보루인 '희망'조차 양극화되어 가
고 있다.

　　저자는 이 책에서 1990년대 이후 IT혁명과 함께 시작된 뉴 이코노미, 그
리고 오늘날 전 세계적으로 확산되고 있는 세계화와 더불어, 일본사회의 모
든 영역에서 급격하게 진행되고 있는 격차의 확대, 즉 양극화의 현실을 분석
하고 있다.

　　한 때 미국의 유력 시사주간지는 '격차사회'를 찬양하며, 격차가 확대될수
록 성장력이 높아지고 중산층이 윤택해진다고 주장한 적이 있다(『뉴스위크
(일본판)』 2007년 2월 21일자). "격차는 좋은 것이고, 그것이 경제의 진실"이라
고까지 언급했다. 그러면서 '하류화'(下流化)를 두려워하고 소득격차만 걱정
하고 있는 오늘날(3년전 당시)의 논의는 중산층이 윤택해질 기회와 국가의 성
장력을 빼앗을지도 모른다고 말하면서, 격차가 더욱 확대되는 국가일수록
경제가 성장하는 것은 16세기 이래 세계적인 현실이라며, '역사의 보편성'까

지 들먹이며 '격차사회'를 강조하기도 했다.

그런데 지금 미국은 물론 일본사회의 현실은 중산층이 윤택해지기는커녕, 오히려 격차의 확대, 즉 양극화의 심화로 인해 사회질서를 위협하는 요인이 증대하고 있으며, 사회 전체에 균열이 나타나고 있다. 또한 오늘날 일본에서 진행되고 있는 양극화는 단지 일상생활 가운데 나타나는 양적 격차의 확대뿐만이 아니라, 인간의 삶의 마지막 보루인 '희망'조차도 양극화가 진행되고 있다는 데 문제가 있다. 더욱 중요한 문제는, '승자 그룹'과 '패자 그룹'간 격차의 확대가 삶에 대한 의욕과 희망조차 상실하고 살아가는 사회적 다수인 패자 그룹을 대량 생산해내고 있으며, 이러한 '희망의 양극화'와 패자그룹의 확산이 안심사회의 기반을 송두리째 무너뜨릴 수 있다는 점이다.

저자는 일본사회에서 진행되고 있는 '양극화' 현상을 직업, 가족, 교육이라는 세 관점을 통해 분석하고 있는데, 특히 교육의 양극화는 직업의 양극화를, 직업의 양극화는 가족의 양극화를 초래한다는 사실에 주목하고 있다. 그리고 직업, 가족, 교육을 둘러싸고 복합적으로 나타나는 양극화 현상이 결과적으로 사회의 질서와 안정을 저해하는 요인으로 작용한다는 점을 밝히면서, 이에 대한 우려를 제기하고 있다.

오늘날 전 세계적으로 경제의 세계화에 따른 직업 및 소득의 양극화 현상이 매우 빠른 속도로 확산되고 있으며, 우리 사회도 예외는 아니다. 이제 세계화, 양극화가 우리 사회 전반에 어떤 영향을 초래하고 있는지를 살펴보고, 이에 대비해야 할 때다. 저자가 우려하고 있듯이, 희망의 상실로부터 초래되는 양극화는 공공재화인 사회 안전망을 언제든지 파괴할 수 있기 때문이다. 역사적 유인, 정치 제도, 사회 문화, 경험적 습관 등에서 일본과 유사한 면이 많은 우리 사회는 양극화 문제로 고민하는 일본과 같은 전철을 밟지 않기 위해서라도, 일본사회의 양극화 현상과 이것이 초래하는 사회문제를 깊이 연구할 필요가 있다.

　그런 의미에서 이 책은 '양적, 질적 양극화 시대'를 살아가며 고민하는 모든 이가 읽어야 할 책이라 생각하며, 마지막으로 이 책의 번역, 출간을 흔쾌히 허락해준 도서출판 아침에 깊은 감사의 말씀을 드린다.

2010년 2월 20일

최 기 성